| 도심부 활성화를 위한 |

소셜 빅데이터
감성분석 솔루션

이 책은 저자의 박사학위 논문(빅데이터 감성정보 추출을 통한 도심부 활성화 요인 분석 연구)을 중심으로 일부 보완하여 작성하였음

| 도심부 활성화를 위한 |

소셜 빅데이터
감성분석 솔루션

박상훈 지음

 지역의 역사와 전통이 배어 있으면서 효율적인 입지와 도시 인프라
가 오랜 시간 축적되어 상당기간 지역경제의 중심지 역할을 해 왔던
대다수 도시의 도심지역은 1990년대에 들어서면서부터 그 영향이 점
차 축소되기 시작하여 인구는 점차 감소하고 도심공동화 현상마저 일
어나고 있는 실정이다. 이와 함께 신시가지의 조성과 연계한 대규모
점포의 입지와 중심시가지 개별 점포의 경쟁력 저하가 맞물리면서 도
심부의 상업 활동까지 침체되는 결과를 낳게 되었다. 도시의 중심지인
도심부가 쇠퇴하고 그 상권이 침체 또는 위축된다는 것은 지역유통과
서비스업의 축소는 물론 해당 지역의 매력과 가치를 떨어뜨리는 측면
도 강하다. 그렇기에 퇴색하는 도심을 보다 매력 있고 차별화된 기능
과 공간을 갖출 수 있도록 이를 체계적으로 정비하여 정체성 있는 공
간으로 바꾸는 것이 무엇보다 중요한 시점에 이르렀다. 최근 정부의
국정운영 5개년 계획에 따르면 지역상권의 활성화를 위해 대규모 유통
기업을 규제하고 전통시장 및 골목상권을 활성화 시키려는 새로운 변
화를 모색하고 있다. 전통상권은 도시 및 지역 경제의 핏줄이며 서민
들의 소통공간이자 국가 경제성장에 따라 지역의 중요한 역할을 담당
함과 동시에 삶의 애환이 묻어나는 공간이기도 하다. 도심부에 위치한
전통상권의 활성화는 곧 도심부의 활성화를 불러일으키고, 도시의 중

심지인 도심부 활성화는 지역 전체의 성장에 기여할 수 있는 모두의 관심사이자 현안이다.

이와 같은 배경 하에, 이 책에서는 기존에 수행했던 전통상권 활성화 연구들과 달리 사회·문화·경제적 역할을 수행하고 있는 전통시장에 대한 새로운 접근방식으로 연구를 수행하였다. 즉, 기존 공간 활성화 연구에서의 현장 및 설문조사의 단편적이고 주관적일 수 있는 자료가 아닌, 수많은 사람들이 만들어낸 비정형정보를 체계적으로 구축하고, 이를 실증 접목하도록 하는 비물리적 정보와 물리적 공간의 융합을 빅데이터를 통해 분석하였다. 전통상권의 활성화 요인과 도시 공간 변화에 대한 범위를 측정함으로써 전통시장 활성화 정책에 근간이 되는 소비자들의 요구와 인식을 제시하는 객관적 데이터의 구축 및 활용에 그 목적이 있다. 이를 통해 도출된 결과는 기존 전통시장 활성화 관련 연구들에서 제시한 내용을 부정하는 것이 아닌, 기존 연구 방법론으로는 도출하지 못한 부분을 제시하여 전통시장 활성화 방안을 좀 더 면밀하게 제공하고자 하는 목적도 포함한다. 이를 바탕으로 이 책의 내용은 크게 네 부분으로 구성된다.

첫째, 도심부의 특성 및 성장과 쇠퇴를 살펴보고, 도심부 재생의 의미와 필요성을 고찰한다. 아울러 도심부 전통시장의 기능과 특성, 그리고 활성화 필요성을 언급하여 연구의 주제와 방향성의 근거를 제시한다.

둘째, 소비자의 인식 및 감성 정보와 전통시장 활성화 간의 이론적 관계를 정립하였으며 소비자의 인식 및 감성 정보와 빅데이터 간의 관계도 함께 정립함으로써 연구내용과 연구방법의 연관성 및 당위성을 제시하였다. 또한 빅데이터 연구 방법의 역할 및 필요성을 제시하고 구체적인 단계별 연구방법의 내용을 정리하였다. 아울러 연구대상지의 선정기준에 맞는 대상지를 선정하였으며, 외부 공간변화에 대한 인식 변화 영향 도출 및 활성화 요인에 대한 감성정보 추출 분석을 위한 분석체계를 정리하였다.

셋째, 도시 공간 변화에 따른 전통시장 인식 변화의 영향 분석을 위해 동대문시장을 대상으로 텍스트 마이닝 분석방법을 적용하여 그 변화를 파악한다. 데이터를 수집하기 위해 텍스톰 프로그램을 활용하였으며, 수집된 데이터의 분석은 NetDraw 프로그램을 활용하여 키워드 네트워크 분석, 중심성 분석(연결 중심성, 근접 중심성, 매개 중심성, 위세 중심성), CONCOR 분석을 실시하였다.

넷째, 전통시장의 활성화 요인을 도출하고, 이에 대한 소비자의 감성 정보를 분석하기 위해 광장시장을 대상으로 오피니언 마이닝을 적용하여 기존 선행연구에서 제시하지 못했던 전통시장의 활성화 요인을 심도있게 분석한다. 동대문시장과 광장시장의 각각 분석 데이터에 따른 결과를 바탕으로 도출된 결과값을 해석하여 연구 대상지의 활성화 요인과 도출된 요인의 감성 정보, 그리고 영향관계를 살펴본다.

이 책에서 제시하고 적용한 연구 프로세스는 전통시장 뿐만 아니라 용도별·지역별 특성을 고려한 다양한 활성화 계획 시스템 구축으로 조화로운 도시공간 활성화 계획의 기초 데이터로 활용이 가능할 것으로 기대된다. 공간에 대한 온라인상의 다양한 정보의 네트워킹을 통해 정책적·경제적 차원을 넘어 사람들이 호응할 수 있는 공간 활성화에 대한 비전 제시는 향후 미래 도시 공간형성 예측에 매우 중요한 부분이라 할 수 있다.

차 례

〈표 차례〉

〈그림 차례〉

Ⅰ

도심부 재생과
전통상권 활성화

1. 도심부 재생의 필요성

    우리나라의 도시는 물리적 환경 측면에서 지난 반세기 고도 성장기를 지나 저성장과 인구감소 및 인구이동 등 도시공간의 다양한 변화가 일어나고 있다. 기존에 활성화 되었던 공간이 쇠퇴하거나 새로이 뜨는 공간이 만들어지고 사람들로 하여금 지속적인 방문과 유입을 위한 노력은 작은 마을에서부터 하나의 도시, 글로벌 국가차원까지 핵심이 되는 이슈이자 풀어야 할 현안 문제로 인식되고 있다.

    그 중 지역 도심부의 중심시가지는 해당 지역의 역사와 전통이 배어 있으면서 효율적인 입지와 도시 인프라가 오랜 시간 축적되어 상당기간 지역경제의 중심지 역할을 해 왔다. 그러나 이러한 역할은 1990년 대에 들어서면서부터 점차 축소되기 시작하여 현재는 많은 도시에서 도심공동화 현상마저 일어나고 있는 실정이다. 행정구역상으로 기초자치단체인 시급의 도시 대다수는 거의 예외 없이 중심시가지가 활력을 잃고 있다(최장호, 2007). 우리나라의 경우 이 시기를 기점으로 뉴타운 건설·재개발 등의 물리적 개발 위주에서 기존 시가지 재생으로 정책 기조와 패러다임이 전환되었다. 도시재생에 대한 정책적 관심이 커진 것은 기존 도시공간의 취약성과 사회·경제적 환경의 변화 때문이다. 급격한 도시화 과정에서 공공 기반시설들이 임기응변식으로 건설됨으로써 비효율적 토지 이용과 과밀, 불균형 등의 문제가 심화되었다. 또한 기존 시가지에서의 주거교체 등이 진행됨에 따라 교외 인구는 급속

증가하는 반면 도심 인구는 감소하고 공동화 현상이 발생하였다. 이는 곧 신시가지 조성과 연계한 대규모 점포의 교외입지와 중심시가지 개별 점포의 경쟁력 저하로 도심부의 상업 활동이 침체되는 결과를 낳게 되었다(한승욱, 2012).

[표 1-1] 도심부 쇠퇴 현상의 특성

구분	내용
인구의 공동화 (상주인구의 감소)	- 상업시설 유입인구 감소를 가져와 전체적인 도심활력의 저하 - 도심기능에 대한 압출요인(push factor)으로 작용
기능의 공동화	- 도시기반시설의 취약과 교통의 혼잡 - 도심기능의 이전에 따라 기존 도심은 상업·서비스 기능만 수행
활동의 공동화 (경기 침체)	- 활동인구의 감소는 시설의 공동화를 촉진시키는 작용
기반시설의 취약과 건축물의 노후화	- 도심의 이미지를 저하 - 도심의 역할을 강화시킬 수 있는 다양한 신기능의 도입에 장애 요인으로 작용 - 도심공동화 현상이 가속화되는 요인이 됨

출처 : 한승욱, 2012, "상업기능 활성화를 통한 원도심 재생 방안", BDI포커스, 제163호, 부산발전연구원, 3쪽

도시 중심지의 가장 현실적인 문제는 도시기능이 이완돼 전반적인 도심기능 저하 현상이 발생하는 것이다. 지역의 중심지는 '도시의 얼굴'과 같은 존재이다. 결국 지역에 산재한 역사문화적 자원의 활용과 상업·주거 기능의 복합화 등 매력적인 도시공간 창출을 통해 부도심권 상업지역과 차별되는 재생 전략이 필요하다.

도시의 중심지인 도심부가 쇠퇴하고 그 상권이 침체 또는 위축된다는 것은 지역유통과 서비스업이 축소된다는 것이다. 지역의 이미지를

형성하고 있는 도심부의 쇠퇴는 지역의 매력과 가치를 떨어뜨리는 측면도 강하다. 그렇기 때문에 도심부 상권의 활성화는 중앙정부는 물론이거니와, 지방자치단체에서 우선순위가 높은 정책이라 하겠다. 미국, 영국, 일본 등의 선진국들은 이미 1980년대부터 중심시가지 상권의 활성화를 중요한 정책과제로 정하고 다양한 정책 프로그램을 실행시키고 있다(최장호, 2007). 1990년대 후반 우리나라에서도 도심부 쇠퇴문제에 대한 논의가 시작되었으며, 신도시 개발에 따른 주변 기존 도심부의 인구 공동화가 사회문제로 거론되면서 정부에서는 2006년 9월 '도시재정비촉진특별법1)'을 제정하여 도심부 활성화를 위한 근거법령을 마련하여 다양한 사업을 추진하고 있다(차성룡, 2010). 그러나 정부 주도의 제도권 범위에서 자생력과 경쟁력을 고려하지 않고 획일하게 활성화 정책들이 추진되었으며, 이 밖에도 소비패턴의 변화, 경쟁업체의 출현 및 대형화 등 많은 변화가 급속도로 나타나면서 중심시가지의 상권기능은 위축상태에 이르렀고 많은 문제점들을 야기하게 되었다. 즉 중심시가지 내 상권의 기능은 단순한 수요, 공급차원의 매매기능 뿐만 아니라 도시공간 측면, 지역경제 측면 등 여러 가지 복합된 내용을 포함하고 있다(변창윤, 2011). 그 중 도심부 전통상권은 도심활동의 다양화에 기여하고 도시민의 전통적 경제생활과 소비문화를 경험할 수 있는 소중한 자산임에도 불구하고, 역사문화유산 대비 잠재가치에 대한 인식 부족과 경쟁력 약화로 지속적인 상권쇠퇴가 우려되고 있다.

이러한 현상에도 불구하고 도심은 지역의 중심지이며, 사람들의 추

---

1) 도시의 낙후된 지역에 대한 주거환경 개선, 기반시설 확충과 도시기능 회복에 있어 도시및 주거환경정비법, 도시개발법 등 개별법에 의한 사업의 한계를 극복하고 광역적인 정비가 가능하도록 정비사업의 광역적 계획, 체계적이면서도 효율적인 추진의 근거가 되는 법률 제 7834호(2005. 12. 30) '도시재정비 촉진을 위한 특별법'을 제정하게 되었다.

억이 담겨있는 장소로서 역사의 근원이며 상업의 중심으로서 오늘이며 내일이기도 하다. 그렇기에 퇴색하는 도심을 보다 매력 있고 차별화된 기능과 공간을 갖출 수 있도록 이를 체계적으로 정비하여 정체성 있는 공간으로 가꾸는 것이 무엇보다 중요한 시점에 이르렀다.

　　최근 문재인 정부 국정운영 5개년 계획에 따르면 대규모 유통기업을 규제해 전통시장 및 골목상권을 활성화 시키려는 새로운 변화를 모색하고 있다. 지금까지 전통시장 활성화를 위해서는 일반적으로 상인문제나 시설문제, 주차장 문제 등 가시적인 측면에 대한 지원방안들이 제기되고 있지만 근본적인 문제 해결을 위해서는 전통시장의 자생능력을 배양하는 방향으로 접근하여 근본적인 해결방안을 찾아야 한다. 이를 통해 서민의 경제·문화 중심인 시장의 활성화뿐만 아니라, 쇠퇴한 구도심에 활력을 불러일으킬 수 있는 거점 역할로서 육성해야 하며, 따라서 전통시장의 활성화에 대한 실질적인 분석이 필요하다.

2. 도심부 전통상권의 회복

    도시 및 지역 경제의 핏줄이며 서민들의 소통공간인 전통상권은 국가 경제성장에 따라 지역의 중요한 역할을 담당함과 동시에 삶의 애환이 묻어나는 공간이기도 하다. 그러나 도시화 및 산업화로 지역 발전과 성장에 따라 상권이 자연스럽게 이동 변화되면서 사회적 문제와 격차가 심화되기 시작하였다. 결국 물리적인 전통시장 활성화의 필요성이 제기되기 시작하였고, 뿐만 아니라 비물리적인 측면, 즉 전통시장이 소비자들로 하여금 정서적 안정감과 동시에 전통시장을 찾게 되는 감정이 무엇인지에 대한 필요가 생겨나기 시작했다.

    최승재·최영만(2009)는 시장의 기반시설 및 환경 개선 중심의 획일적이고 비효율적인 예산지원보다는 변화하는 소비패턴의 분석, 유통시장의 구조적 개선 등과 같은 근본적인 지원 대책을 마련할 것을 주장하기도 한다. 김웅진·배일현(2008)은 소비자가 원하는 것을 정확히 파악하지 못한 상태에서 시장의 물리적 개선과 상인의 경영의식 현대화 교육을 진행하였기 때문에 전통시장 활성화 정책의 효과가 미비한 것이라고 주장한다. 이러한 이유는 기존 연구들에서 문제점으로 지적한 전통시장 활성화 사업에 대한 소비자의 명확한 인식 파악이 부족한 것을 이유라 할 수 있다. 따라서 사회·문화·경제적 역할을 수행하고 있는 전통시장에 대한 새로운 접근방식이 필요하다. 또한 개별적인 전통시장의 활성화 정책이나 상업행위의 촉진을 넘어 지역의 활력증진,

관광자원화 등의 차원에서 분석이 요구된다.

소비자 관점에서 접근하여 그들이 인식하는 전통시장의 가치를 도출하기 위해서는 전통시장 활성화를 위한 모두의 관심사이자 현안이다. 시민을 '고객'으로 생각하여 행정 대상이 되는 시민의 만족을 극대화하기 위한 형태로 서비스들이 변화되고 있는 현실에서 시민에 대한 전반적인 재고도 절실해졌다(김태형, 2015). 이러한 바램은 2013년 '정부3.0' 계획이 추진되면서 시민에게 다가가 맞춤형 서비스를 제공하겠다는 서비스 차원의 개념이 강조되고, 이와 동시에 클라우드 기반, 빅데이터 자료 활용 및 공공데이터의 공개 등 변화가 추진되면서 시민과 기반 자료에 대한 중요성이 부각되었다. 정부3.0의 추진계획에도 드러나듯이 빅데이터 자료의 적극적 활용 등이 시대적 대응이자 추세이다(한국정보화진흥원, 2013).

따라서 전통시장 소비자와 관련한 산재되어 있는 데이터를 어떻게 처리해서 활용할 것인가는 필수불가결한 고민거리이다. 특히 본 연구에서 주목하는 바와 같이 데이터를 단순히 자료에만 머무르게 하는 것이 아니라 소비자의 인식을 반영한 자료로서 유의미한 결과를 도출하고 이를 통해 맞춤형 전통시장 활성화 방안을 구축해 나가는 것이 그 핵심이자 본질이다.

3. 도심부 재생과
전통상권 활성화의 목적

　대기업 유통업체들의 골목상권 침투에 대한 대응으로 2000년대 초반부터 전통시장 활성화에 대한 다양한 시도들이 이뤄졌다. 지난 15년간 전통시장 시설현대화, 경영현대화 및 문화를 통한 시장 활성화 등 정부의 국비지원이 이어지고 있음에도 전통시장의 경쟁력은 낮아지고 전체 매출도 점차 감소하고 있어 정부정책의 실효성에 대한 지적이 더욱 커지고 있다[2]. 이러한 배경에서 정부가 지원하는 아케이드 설치, 노후시설 개·보수 등과 같은 천편일률적인 시설현대화사업은 지역의 특징을 살리지 못하고 오히려 지역사회와 전통시장이 유지해온 고유의 정체성을 파괴하는 역효과가 발생하기도 하였다(이준호, 2013). 이에 따라 전통시장의 활성화 방안 수립을 위해서는 개별 전통시장들이 갖고 있는 특성과 시장에 대한 수요를 정확하게 파악해야 한다. 또한 기존 공간 활성화 연구에서의 현장 및 설문조사의 단편적이고 주관적일 수 있는 자료가 아닌, 수많은 사람들이 만들어낸 비정형정보를 체계적으로 구축하고, 이를 실증 접목하도록 하는 비물리적 정보와 물리적 공간의 융합연구를 수행해야 한다.

---

2) 전국 17개 시도 전통시장 1,502개 중 22.2%인 333개 시장의 상권 활성화 정도는 하락한 것으로 나타났으며, 이 가운데 국비를 지원받은 시장도 234개 포함된 것으로 파악됨(http://www.kns.tv/news/articleView.html?idxno=207579).

전통시장의 특성과 시장에 대한 수요 데이터를 정밀하게 파악하기 위해서는 신용카드 정보데이터, 통신사 정보데이터 등의 수요자측면의 자료가 매우 중요하다. 하지만 이러한 빅데이터의 경우 일부 금융기관, 신용카드사, 통신사들이 빅데이터를 보유하게 되면서 접근성의 불균형이 심화되었다(박상훈, 2016).

따라서 전통시장에 대한 방문객들의 전통시장 인식 을 빅데이터를 통해 분석하고자 한다. 이를 바탕으로 소셜미디어를 통한 전통시장 내·외부 환경 변화에 대한 소비자인식 진단은 현실성이 제고된 전통시장 활성화 전략 수립에 기초자료의 근간이 될 수 있을 것으로 판단되며, 나아가 온라인에서 생산된 빅데이터는 새로운 전통시장 활성화 연구에서 어떻게 활용할 것인지에 대한 방향성 제시와 새로운 진단의 방법론을 제시하는 지침이 될 수 있을 것으로 기대된다.

이러한 문제의식과 필요성을 토대로 본 연구는 크게 두 가지의 목적을 갖는다.

첫째, 전통시장 주변 도시공간의 변화로 인해 소비자가 느끼는 전통시장의 인식이 어떻게 바뀌었는지를 고찰한다. 이는 앞서 언급한 바와 같이 도심부 전통시장은 단순히 상품거래를 위한 공간으로서의 목적을 넘어 도시공간계획의 측면을 고려하여 방문객의 인식 변화를 살펴본다.

둘째, 전통시장에 대한 방문객들이 느끼는 활성화 요인을 도출하고자 한다. 이는 현재 활성화되고 있는 전통시장의 방문객 유입인자를 도출하여 전통시장 활성화를 위한 새로운 전략수립이 필요하다. 수없이 퍼져있는 정보를 분석해 새로운 정보를 만들고 현재 상황을 분석하며, 앞으로의 트렌드를 예측하는데 유용한 빅데이터에 체계적으로 접근한다면 전통시장을 찾는 방문객의 감성에 다가갈 수 있는 새로운 길을 찾을 수 있다.

결국 전통상권의 활성화 요인과 도시 공간 변화에 대한 범위를 측정함으로써 전통시장 활성화 정책에 근간이 되는 소비자들의 요구와 인식을 제시하는 객관적 데이터의 구축 및 활용에 그 목적이 있다. 이를 통해 도출된 결과는 기존 전통시장 활성화 관련 연구들에서 제시한 내용을 부정하는 것이 아닌, 기존 연구 방법론으로는 도출하지 못한 부분을 제시하여 전통시장 활성화 방안을 좀 더 면밀하게 제공하고자 하는 목적도 포함한다.

이를 위해 전통시장의 방문객이 웹이나 소셜미디어에 남긴 텍스트 자료로부터 구조화된 형태의 정보를 추출하여 패턴과 의미를 시각적으로 나타내고 의미 체계를 파악하여 전통시장에 대한 인식변화와 어떤 요건들로 하여금 사람들이 전통시장을 계속해서 찾게 할 수 있는지 그 실마리를 찾아 활성화로의 방향성과 시사점을 제시하고자 한다.

II

도심부 재생과
전통상권의 이론

1. 도심부 재생의 일반적 고찰

1) 도심부의 특성

도시에는 도심(Urban Center)이라 불리는 도시의 사회적, 경제적 활동이 집중되어 있는 장소가 존재한다. 도심은 국가에 따라 도심지, 중심상업·업무지구, 중심구역, 중심시가지 등으로 다양하게 불리고 있다. 도심 즉, 같은 의미의 도시중심부는 도시의 다른 지역보다 경제활동이 집중된 장소이며, 사무실 등의 고층건물이 밀집되어 있고, 사람들과 차량의 왕래로 혼잡한 지역을 일컫는다. 또한 도시 내에서 입지여건이 가장 양호한 곳으로 입지경쟁이 일어나 토지이용 면에서 가장 집약적인 기능인 사무 기능과 고급 중심성 상업기능이 도심을 점유하게 됨으로써 지가 혹은 지대가 최고인 지역이다. 즉, 도시의 핵이라 볼 수 있는 곳이다(형시영, 2004).

도심지역의 의미는 크게 광의와 협의로 나누어진다. 넓은 의미의 도심지역이란 "도시의 사회·경제적인 중추적 역할을 수행하는 곳으로 도시 활동의 원천인 동시에 도시성장의 역사가 집중되어 있는 지역을 말한다. 또한 도시민들에게 공간적 핵심지역으로 존재하고, 공간의 성장과 발전에 중심적인 역할을 하며, 사회·경제적인 중추적 역할을 수행하는 도시 내의 상징적 공간권역"을 의미한다. 협의의 도심지역이란 "도시 내에서 상대적으로 좁은 토지면적을 차지하며, 물리적 건축 밀도가 높은 고밀도의 특성을 가지며, 토지 이용 상업 및 업무기능이 집적하여 상대적으로 주거 및 다른 토지이용의 기능이 미약한 공간권역"
을 의미한다.

　이러한 도심지역에 대해 Horwood & Boyce가 제시한 내용을 살펴
보면, '도심에서 전문적 기능 지역의 공간적 분화 현상을 설명하는 도
심은 중핵부(CBDcore) - 주변부(frame)라는 개념적 모델에 의해 구성
된다. 도시 중핵부는 상업·업무 기능이 집적되어 도시의 최고중심지
역할을 하는 지역이고, 도심 주변부는 중심 중핵부와 연접하고 주거·
상업·공업 기능이 혼재된 점이지대(transition area)이다(김창석, 2000).

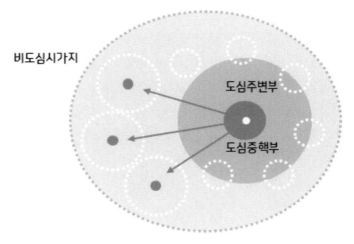

[그림 2-1] 도심의 구조와 범위

　도심 중핵부는 중심상업 기능이 집적된 가장 높은 수준의 고밀한 토
지이용이 이루어지는 지역이며 도심 주변부는 한때 도심중핵부와 같이
중심적인 역할을 수행했으나 도시가 쇠퇴함에 따라 대체로 상주인구가
감소하고 건축물의 노후화가 급격히 진행되는 특징을 갖고 있다. 도심

주변부의 쇠퇴는 임시적인 문제냐 아니면 장기적인 문제냐의 두 가지 측면이 있을 수 있다. 전자는 전이지대(zone in transition)적 성격을 의미하며, 후자는 내부시가지의 쇠퇴(inner city decline)적 성격을 말한다 (권태준, 1999).

이러한 도심에 대한 정의와 표현은 학자에 따라 다소 차이가 있으며 연구대상이나 방법에 따라 매우 다양하게 나타나고 있는데 대체로 중심상업·업무지구와 같이 도심의 기능이 집적된 곳을 일컫는 기능적 개념과 중심구역, 중심시가지 등과 같이 집적된 도시 활동의 결과로 형성된 중심지를 뜻하는 지리적 개념으로 구분할 수 있다(김한직, 2008).

2) 도심부의 성장과 쇠퇴

도시의 성장은 규모의 경제(scale of economics)에 의해 설명된다. 즉 인구의 증가와 산업의 집중화를 통한 집적경제(agglomeration economics)를 이룩함으로써 급속하게 성장한다. 규모의 불경제로 인한 교통 혼잡, 주거환경악화, 환경오염 등의 외부효과가 나타나면 도시는 교외화 및 분산화 과정을 거치게 된다. 대도시는 주거의 교외화, 공업의 교외화로 직주불일치와 도심공동화 현상이 심화된다. Klaassen과 Paelink의 도시 공간구조의 성장과정을 거시적 공간차원에서 단계적으로 성장기와 쇠퇴기로 구분하고 이를 다시 6단계로 세분하고 있다.

[표 2-1] Klaassen과 Paelinck의 도시성장 6단계 가설

구분	성장기				쇠퇴기	
	도시화		교외화		역(탈)도시화	
	절대적 집중	상대적 집중	상대적 분산	절대적 분산	절대적 분산	상대적 분산
도시중심부	+	++	+	-	-	--
주변지역	-	+	++	+	+	-
도시권전체	+	++	+	+	-	-
도시성장 단계	1	2	3	4	5	6

주) + : 증가, ++ : 대폭증가, - : 감소, -- : 대폭감소

출처 : klassen L. H., Paelinck J. H. P., 1979, The Future of Large Towns, Environment & Planning, A, Vol. 11, pp.1096.

도시성장단계는 도시화, 교외화, 역도시화의 과정으로 설명되고, 도시화단계에서는 주변지역의 인구가 도심부로 이동하여 도심부의 인구가 증가하고, 도시산업화에 따라 도심부의 인구는 지속적으로 증가하게 된다. 그러나 이러한 현상이 지속되는 가운데 도심부의 인구집중은 교통혼잡과 주거환경악화로 주거의 교외화, 산업의 교외화가 나타나기 시작하고, 이로 인하여 도심부의 인구는 점차 감소하게 된다. 이러한 현상은 대도시뿐 만 아니라 중소도시에서도 나타나고 있다. 도심부의 인구감소는 도심공동화 문제를 야기하며 직주불일치 현상을 심화시킨다. 선진국의 도시에서는 역도시화현상(U-turn)[3]이 나타나고 있다. 이

---

3) 도시의 쇠퇴현상으로 일명 유턴(U-turn) 현상이라고도 하며 대도시에서 비도시지역으로 인구의 전출이 전입을 초과함으로써 대도시의 상주인구가 감소하는 현상을 말한다. 일반적으로 도시화는 크게 삼단계로 진행되는데 도시화(都市化), 교외화(郊外化), 역도시화의 단계를 거치게 된다. 이중에서 역도시화는 도시화의 마지막 단계가 되는데 도시의 위기단계라고 할 수 있다. 역도시화는 도시의 중심부와 교외를 포함한 도시권 전체의 인구가 감소하기 시작하는 도시의 쇠퇴 단계이며, 역도시화 현상이 일어나는 도시는 도시문제의 성격도 달라진다.

것은 자동차 교통의 발달과 정보통신기술의 발달에 의한 것으로 보다 더 쾌적한 환경을 찾아 도시에서 농촌(주변)지역으로 이주하게 된다(김기홍, 2008). 어느 도시든지 간에 도시가 성장해 감에 따라 도심의 공동화현상은 진전되는 양상을 보이고 있다. 도시의 규모가 일정 수준 이상 되면 도시구조의 변화와 함께 도심부의 쇠퇴현상이 나타나고 있는 것은 특정 도시만의 현상이 아니라는 것이다. 우리나라의 도시들도 성장과정상에서 불가피하게 발생하거나 도시 특유의 지역적 상황에 의해 발생하여 도심의 공동화 현상은 지속되어 왔으며, 이로 인해 중심시가지 상권은 쇠퇴를 면치 못하여 왔다. 상권쇠퇴의 심각성이 여러 도시에서 부각되기 시작하고 또한 이로 인한 많은 부가적 도시문제가 발생함에 따라 쇠퇴한 상권을 활성화시키고자 하는 목소리가 여러 곳에서 쏟아져 나왔다(정진호, 2015).

이와 같이 도시의 쇠퇴현상에 대해 여러 연구들에서 그 개념과 정의를 밝히고 있지만 경제협력개발기구(OECD)[4]에서는 도시에 있어서 높은 수준의 실업과 빈곤, 주택의 악화, 도시기반시설의 노후화 등으로 사회적, 경제적, 환경적 문제가 공간적으로 집중되는 현상이라 정의하고 3가지 기준을 제시한다. 첫째는 사회·경제·물리적 측면에서 범죄, 사회계층의 분리, 환경공해, 기반시설의 노후화 문제 등을 기준으로 한다. 둘째는 1인당 소득 또는 자산을 지표로 하거나 복지의 분포, 실업률을 기준으로 한다. 셋째는 인구·고용의 감소를 기준으로 도심쇠퇴 현상을 판단한다.

하지만 주거지가 상업 업무지로, 공장이 공공시설용지로 전환될 수

---

[4] 국회사무처 입법조사국, 1987, OECD제국의 도시재생정책(1983), 국회도서관, 65-67쪽

있기에 단순히 상주인구 및 고용 감소를 도심쇠퇴현상으로 보기 어렵고, 도심의 활력 저하와 더불어 물리적 노후화와 황폐화가 진행되며, 사회 계층적으로 악화 등의 문제가 복합적으로 발생할 때 일반적 의미의 도심쇠퇴현상이 진행된다는 주장[5]도 제기된다.

이러한 도심부 쇠퇴현상의 원인으로는 도시 정책적 관점, 물리적 관점, 경제적 관점에서 살펴볼 수 있다. 도시 정책적 관점에서는 각 지자체에서 기성시가지의 정비보다는 도시외곽지역에서 신개발 위주의 도시정책을 수행함으로 인해 도심지역의 기존 기능이 비도심 지역으로 이전하여 쇠퇴현상이 발생하게 되었다. 또한 물리적으로는 기존 도심이 자연발생적으로 형성됨으로 인해 공간적인 부조화와 조밀한 토지이용이 일어나 주거여건이 악화되었고 높은 지가, 가용 토지 부족, 기반시설 미비와 노후화 등의 문제점이 발생되었다. 경제적으로는 정보통신의 발달로 기업의 도심입지 필요성이 약화되고 자동차 보급의 확대로 대규모 도·소매업의 도시 외곽 입지가 가능해지고 도심의 중추관리기능이 도시 외곽 지역으로 이전하여 관련 산업도 연쇄적으로 이전함으로 도심쇠퇴현상이 발생하게 되었다[6].

---

5) 이상대, 1996, 서울시 내부시가지 쇠퇴현상의 진단에 관한 연구, 서울대학교 박사학위논문, 26-27쪽
6) 계기석, 2003, "기성시가지 중심상업·업무지역의 활성화", 국토연구, 제257호, 국토연구원, 53쪽

3) 도심부 재생의 의미와 필요성

① 도심부 재생의 의미

일반적으로 도심재생은 도심지역의 도시기능 재활성화로 해석된다. 도심재생의 대상이 되는 구도심이란 과거에 도시의 중심기능을 수행하던 지역이 사회 여건 변화와 도시기능 이전 등에 의해 물리적으로 쇠퇴하고, 기능적으로 중심기능을 상실하게 되어, 과거의 중심지역으로서의 매력과 흡인력을 상실하게 된 지역을 의미한다(이인재, 2003). 즉, 도심재생(Urban center regeneration)이란 대도시 지역의 외연적 확산을 억제하고, 도심쇠퇴 현상을 방지하며, 도심지역의 재활성화를 도모함으로써 궁극적으로는 경제성장과 환경보전이 조화를 이루는 지속가능한 도시개발을 추진하고자 하는 것이라고 정의할 수 있다. 이는 쇠퇴지역의 문제를 종합적인 시각에서 해결하려는 접근으로서, 해당지역의 경제적, 사회적, 환경적 상태를 지속적으로 개선함으로써 기존 도심의 재활성화를 도모하고자 하는 것이다(형시영, 2004).

도심재생의 특징은 정책과 집행이 종합적인 형태로 전환되고 성장관리 차원에서 전략적 관점이 도입되어 지역사회의 활동 성장을 도모한다는 점이다. 그리고 지역사회의 역할이 강조되는 특징이 있다. 문화유산과 자원의 보전, 상업기능의 활성화, 환경적 지속성 등 지속가능한 개발의 개념이 도심재생 정책 및 계획 속에 반영되고 있다는 점도 중요한 특징 중 하나이다.

또한 도심재생은 규제완화와 민간의 활력을 이용하여 도시의 매력과 자산 가치를 높여 도시 경쟁력을 강화하기 위한 경제시책으로도 활용되고 있는데, 일본의 도시재생 사례가 대표적이다. 일본에서 사용되는 도시재생의 의미는 산업구조의 변화 및 신도시 위주의 도시 확장으로 쇠퇴하고 있는 기존 도시에 새로운 기능을 도입하거나 창출함으로써 경제적·사회적·물리적으로 부흥시키는 것을 말하는데, 버블 붕괴 이후 폭락한 부동산 가격을 끌어 올려 부실채권을 해소하고 구조적인 불황을 탈출하기 위하여 도시재생사업을 통해 민간투자를 활성화 하려는 시도를 하였다. 이렇듯 정부 주도의 도시개발만이 우월적 지위를 독점하고 있던 도시계획에서 벗어나 민간 활력의 적극적인 참여를 유도하고 있는 것이 도시재생사업의 특징이다(정재희, 2007). 이러한 도심재생을 위해서는 물리적인 환경개선뿐만 아니라, 여건 변화의 수용과 도시기능의 복원을 위한 개선대책과 함께 사회·경제·문화적 측면을 함께 고려한 종합적인 전략 하에서 추진되어야 한다.

② 도심부 재생의 필요성

도심지역은 오랫동안 도시가 형성되어 오면서 축적된 다양한 역사·문화·경제 자원을 지니며, 양호한 접근성, 다양한 인적·물적 자원 및 기반시설 등을 보유하고 있다. 기성시가지가 다음 세대를 위해 재생되기 위해서는 지역의 활력으로 일정한 역할을 수행해온 도심의 활성화가 급선무이다. 또한 그간의 쇠퇴에도 불구하고 업무, 상업, 행정, 문화 등 각종 기능이 집중되어 있는 곳으로 도시 전체의 삶의 질 개선을 위해 정체성과 매력을 지닌 곳으로 재생이 필요하다.

도심은 도시의 문화와 전통이 집적되는 곳으로 축제·이벤트·상호교류의 장을 마련해주고 있다. 도시의 역사와 문화는 지역의 특성을 살펴 정체성을 형성시켜 준다. 이러한 도시의 정체성은 다른 도시와는 또 다른 특성을 보여주고 있으며, 또한 도시의 정체성 확보는 다른 지역으로부터 사람을 끌어당기는 요소로 작용한다. 세계화와 도시화의 진전으로 도시 간 경쟁이 가열되는 시대에 도심이 보유하고 있는 역사와 문화를 활용한 정체성 확보는 해당도시가 다른 도시에 우위를 점할 수 있는 요인으로 작용하여 도시경쟁력을 확보할 수 있다(차성룡, 2010). 도심은 단순한 과거의 유산이 아닌 현재 도시가 안고 있는 문제점에 대처하기 위한 여러 대응방안을 찾기 위한 중요한 자산이며, 시민의 공유자산으로서 여전히 도시에서 가장 중요한 위치를 차지하고 있다. 따라서 지속적으로 도시 전체의 발전을 선도해야만 하며 특히 정보화·지방화·세계화 등 사회적·경제적 환경의 변화를 적극적으로 반영하여 불가피하게 쇠퇴하는 도심기능을 대체할 수 있는 새로운 기능을 수용함으로써 도심을 활성화 시켜 도심중심으로서의 활력과 가치를 유지하는 것이 필요하다.

2. 도심부 전통상권의 일반적 고찰

1) 전통시장 침체의 배경

전통시장은 시장이 발생하면서부터 지금까지 서민들에게 생활의 일부분으로서 수요와 공급의 장소를 넘어 하나의 삶의 장(場)으로 복합적인 형태를 가지고 있었으며 지역경제 발전에도 중심적인 역할을 해왔다. 그러나 소비패턴의 변화, 경쟁업체의 출현 등 많은 변화가 급속도로 나타나고 있음에도 전통시장은 신속한 적응능력을 가지고 있지 못해 결국 위축상태에 이르렀고 많은 문제점들을 야기하게 되었다. 특히 1996년 유통시장 전면 개방과 함께 우리나라의 유통산업은 대형 유통점으로 대표되는 강력한 경쟁업태인 대형마트의 등장과 전문점, 편의점 등의 신업태가 급속도로 출현하였고 국내 대형 할인점들이 탄생하게 되면서 시정점유가 급증함에 따라 중소 유통업체를 보호하기 위한 유통산업발전법7)(1997)이 제정되었다.

그러나 유통시장 개방이라는 특수상황에 따라 제정되었기 때문에 국제화 등 유통시장의 성장에 초점을 두었으며 당시 주요 지역의 상업지역 내 전통시장 및 상점가에 관한 지원 및 관리에 대한 사항은 그 기능이 상실되는 결과를 낳았다(류태창, 2013). 더불어 소비자들 또한 소

---

7) 유통산업발전법은 대규모 점포 정기 및 임시시장, 도매 배송업, 체인사업, 상점가 등 유통산업 전반에 관한 내용을 담고 있다. 그러나 시장에 대한 개념을 포괄적으로 설정하고 있는데다 일반적 사항을 다루고 있어 실질적인 전통시장 지원에는 한계가 있었다.

득수준 향상 및 자동차의 대중화로 인하여 쾌적하고 편리한 구매성향의 추구로 소비패턴이 변화하였다. 이러한 유통산업의 대내외적인 급속한 환경변화는 과거 지역경제의 주축이었던 전통시장에 큰 위협을 주고 있고, 시장자체의 지속적인 혁신부재로 인한 경쟁력 상실 등으로 인해 전통시장의 구매력 쇠퇴현상은 점차 확산되고 있는 실정이다(박상훈, 2014). 이에 정부 및 지방자치단체에서는 재래시장 활성화를 위하여 행정·정책·법률·자금 등 다양한 분야에서 지원을 하고 있으며, 2002년부터 「전통시장 및 상점가 육성을 위한 특별법」을 시행하여 재래시장 활성화에 역점을 두고 있다(변창윤, 2011). 이러한 침체가 전통시장뿐 아니라 지역 전반에 걸친 불황으로 이어지면서 전통시장을 되살리려는 노력들이 강구되고 있다.

이렇듯 전통시장이 침체하게 된 배경에는 다양하고 복합적인 이유가 존재하지만 전통시장이 제 기능을 발휘하지 못하고 경쟁력을 상실하게 된 가장 근본적 원인은 시장 환경과 경쟁관계에 있는 외부환경의 변화에 적절히 대응하지 못한데 있다. 유통시장 개방과 더불어 결국 유통시장은 대형할인점 쇼핑센터 위주로 변모하였으며, 최근 인터넷 쇼핑, 홈쇼핑, 대형 엔터테인먼트 쇼핑몰이 등장하고 성장하면서 유통산업의 구조 개편은 더욱 가속화 되고 있다. 현재 대형 유통업체는 막강한 자본력과 강력한 구매력, 선진 경영기법, 차별화된 서비스, 판촉과 홍보, 이벤트 등을 통해 재래시장을 압도하면서 위협하고 있는 실정이다. 이로 인한 전통시장의 쇠퇴는 일자리 감축, 실업자 양산, 경제활동의 위축과 함께 지역경제를 휘청거리게 하였다.

이를 소비자 측면과 상인 측면에서 나누어 살펴보면 소비자들의 소비행태 변화로는 핵가족의 진행과 여성 취업인구의 증가로 식재료 구매량이 감소하고 매일 장보기에서 쇼핑의 주말화 경향이 진행되고 있으며, 자동차를 이용한 쇼핑의 증가로 진입도로와 주차장 사정이 열악한 전통시장은 고객으로부터 점차 외면당하고 있는 실정이다. 상인 측면에서 살펴보면, 내부적으로는 상인의 고령화, 상인내부에 확산되고 있는 패배의식 등을 들 수 있다. 또한 조직적인 원인으로는 상인들 간의 공동체의식 결여, 상인조직의 약한 결속력과 리더십의 부재, 상인조직 내부의 갈등도 침체의 한 원인이며, 운영 관리적 측면으로는 시장 구성원의 기업의식 및 경영마인드 부재, 상품의 교환/환불, 가격표시제, 신용카드 결제, 고객 불평 처리, 유통환경과 경쟁 환경의 변화에 대한 대응전략의 부재, 판촉전략 등의 부재 등도 간과 할 수 없다. 물리적 환경 측면으로는 시장 내 점포배치의 불합리성과 무질서, 시장 내 시설의 노후와 위생관리 및 안전성, 소방 관리의 문제, 주차장, 화장실, 휴게실 등의 각종 고객 편의시설의 부족, 영업지원시설의 부족, 시장으로의 접근과 이용 면에서의 용이성 부족 등을 지적할 수 있다. 정책적 원인으로는 전통시장은 계획적이고 인위적으로 개발된 것이 아니라 다수의 입점 상인으로 구성된 무계획적인 복합체로서 통합된 의사결정을 하거나 또는 일원화하여 운영하는데 있어 결정적인 장애요인으로 작용한다(황선미, 2006).

2) 전통시장 활성화의 필요성

전통시장 활성화의 배경에는 대형 할인점의 급속한 확산으로 상징되는 최근의 유통시장 환경변화로 인해 심각한 위기에 처한 전통시장을 계속 방치할 경우 우려되는 사회적 문제를 미연에 방지하고, 정부의 미래 부담을 완화하고자 하는데 그 배경이 있다(최윤홍, 2007). 특히 전통시장은 시장의 경쟁논리에만 의거해 도태를 당연시 할 수 없는 부분이 있다. 전통시장은 사회 안정적 측면과 지역 경제적 측면을 고려하여 그 생존 문제를 다루어야 한다. 이런 이유 때문에 현재 중앙정부와 각 지방자치단체는 전통시장 활성화를 위해 많은 제도적 장치를 마련하고 이를 지원하고 있다. 정부가 적극적으로 지원하고 있는 전통시장 활성화의 필요성에 대해서는 다음과 같다.

① 지역 사회 측면

전통시장이 지역사회에 미치는 영향과 파급효과는 크다고 할 수 있다. 생활권별로 입지한 전통시장은 오랫동안 지역주민 간 만남과 소통을 매개로 하는, 사회적 의미가 담긴 공공공간을 형성하며 발전해 왔다. 단순한 상품 구매의 장소를 넘어 지역주민들 간 결속을 도모하고 지역의 화합과 커뮤니티를 강화하는 데 전통시장이 중요한 역할을 담당해 왔던 것이다. 또한 지역축제의 중심 무대로서 그 역할이 강조되기도 한다. 전통시장의 발전은 지역 내 구매력 유출을 방지하고 외부의 구매력을 지역 내로 유입시켜 지역경제를 활성화하도록 도모하며 지역의 물가 수준을 안정화시키는 등 전통시장 육성을 위한 정책적 지원에 대한 고려가 중요한 것으로 판단된다.

② 지역 경제 측면

전통시장은 지역주민이 피부로 경험하는 경제활동이 중요하게 이루어지는 장소라 할 수 있다. 만일 전통시장이 활력을 잃을 경우 지역경제도 크게 타격 받을 것으로 예상된다. 지역 내 전통시장의 매력감소로 주민들이 인근 지역에 소재한 현대화 된 유통시설을 이용함에 따라 소득의 역외유출(逆外流出)이 확대되면서 지역 경제의 기반이 약해지고 지방정부의 세수기반 또한 취약해지는 결과를 초래한다. 자가용의 보급 확대에 따른 소비자의 이동성 증대로 원거리 구매통행이 용이해지면서 지방 중소도시에서는 이미 그러한 부정적 현상들이 심화되고 있다. 이 경우 전통시장의 활성화는 해당 지역 전체의 경제기반 강화를 위해서도 역점을 두고 추진해야 할 과제라고 할 수 있다(김군수, 1998).

③ 고용 안정 측면

전통시장에 종사하는 상인들은 대부분 소상공인으로 구성되며, 이들은 우리나라의 대표적인 서민층 또는 영세민이라 할 수 있다. 이러한 전통시장이 위축되거나 소멸된다면 전통시장에서 삶의 터전을 가지고 있는 중소상인들과 노점상들의 고용문제 뿐만 아니라 생계에 대한 위협을 가할 수 있다. 소상공인 생계의 어려움은 사회적 문제로 이어지며, 이를 오랫동안 방치할 경우 이들을 구제하기 위한 비용이 더 많이 소요될 것으로 예상된다.

④ 도시 환경 측면

도심에 위치한 전통시장의 경우 도시가 발달하는 과정에서 주거지의 이동으로 도심 공동화 현상이 발생하며, 그 영향으로 도심에 입지한 전통시장은 슬럼화 되는 문제가 나타난다. 또한 인구 교외화 및 자가용의 보급이 급속히 진전되면서 전통적인 소형점포로 구성된 중심시가지의 상권은 빠른 속도로 쇠퇴되어 가고 있다. 이처럼 지역의 중심에 위치한 전통시장의 위축은 공동화 현상을 유발해 중심시가지의 활성화에 문제점을 보이는 요인으로 작용하고 있다.

위와 같이 전통시장은 상품을 매매하는 장소로서의 기능을 가질 뿐만 아니라 지역사회의 통합, 지역경제의 활력 회복, 서민사회의 안정, 지역 환경의 보완 등 여러 복합적인 속성을 내포하고 있다. 이러한 배경에서 하드웨어 측면뿐만 아니라 소프트웨어적인 부문에서 전통시장을 육성할 필요성이 있다. 즉 전통시장 활성화를 통해 전통시장의 상인과 이용객 모두에게 정서적 안정감과 사회의 전통문화가 계승·발전될 수 있는 기회를 제공할 수 있는 것이다. 이처럼 전통시장의 영향력이 단지 지역경제 차원뿐만 아니라 다양한 측면에서 중요하게 작용하고 있으므로 현재 중앙정부와 지방자치단체들은 전통시장 육성을 위한 지원 정책을 수립·지원하는 것이다(한국지방행정연구원, 2013).

3) 전통시장 보호의 필요성

전통시장 활성화를 위하여 각계각층에서 다양한 노력을 펼치고 있고, 학계에서는 많은 연구가 진행되고 있지만 전통시장을 보호해야 하는 이유에 대해 언급한 연구는 많지 않다. 전통시장 보호 측면의 필요성 제시는 활성화 필요성만큼이나 중요하다. 전통시장의 기능이 상실되는 경우 그 위험성을 생각한다면 전통시장의 존재이유는 더욱 명확해진다. 전통시장이 침체하여 그 기능을 상실했을 때 예상되는 문제점을 살펴보면 다음과 같다.

첫째, 전통적 유통의 기능이 약화된다. 우리나라 전통시장은 소매 유통을 담당하는 전통적인 유통업태로 발달되어 왔으며, 중·장년층은 전통시장을 여전히 선호하고 있는 것으로 판단된다(김도형, 2013). 이처럼 전통시장은 정서적으로 서민의 삶과 밀접한 관련을 맺고 있다.

이러한 전통시장이 보호되지 않아 더욱 침체된다면 전통시장의 독특한 거래를 선호하는 서민에게는 구매활동 장소의 선택권을 박탈하는 셈이 된다.

둘째, 소상공인의 생계유지가 어려워진다. 전통시장에 종사하는 상인들은 대부분 소상공인으로 구성되며, 이들은 우리나라의 대표적인 서민층 또는 영세민이라 할 수 있다. 전통시장이 무너진다면 소상공인 생계의 어려움은 사회적 문제로 이어지며, 이를 오랫동안 방치할 경우 이들을 구제하기 위한 비용이 더 많이 소요될 것으로 예상된다. 또한 대부분의 소상공인이 고령자들로서 생계 수단을 다른 업종으로 전환하기 어려운 점이 현실이다.

셋째, 지역 특산물의 판로가 위축된다. 지역마다 농·임·수산물 등의 특산물이 존재하는데, 이들 산물은 대체로 전통시장을 통해 유통되고 있다. 물론 대형마트나 백화점에서도 지역 특산물이 판매되기도 하지만, 양과 종류 면에서 전통시장에 비해 미미한 편이다. 만일 전통시장이 무너진다면 지역 특산물의 판로가 위축될 것이며, 이는 특산물 생산의 감소로 이어질 가능성이 높을 것으로 예상된다.

넷째, 지역경제가 위축된다. 전통시장은 지역주민이 피부로 경험하는, 경제활동이 중요하게 이루어지는 장소라 할 수 있다. 만일 전통시장이 활력을 잃을 경우 지역경제도 크게 타격 받을 것으로 예상된다. 대형마트와 같은 유통업체는 자체 물류센터를 보유하고 있어 전국 각 지역의 매장에서 판매되는 상품이 해당 물류센터를 통해 유통되고 있으며, 매출액의 상당 부분이 서울 또는 대도시 지역에 입지한 본사로 송금되는 까닭에 결과적으로 지역경제의 구매력이 외부로 유출되고 있다. 이와 같은 배경에서 전통시장이 무너진다면 지역소득이 외부로 유출되는 악순환이 이어질 수밖에 없다.

다섯째, 도시공간의 환경이 황폐화된다. 도시에서 전통시장은 도심에 입지하는 경우가 많다. 도시가 발달하는 과정에서 주거지의 이동으로 도심 공동화 현상이 발생하며, 그 영향으로 도심에 입지한 전통시장은 슬럼화 되는 문제가 나타난다. 이는 도심을 우범지대로 전락하게 만드는 등 도시공간의 환경이 악화되는 가능성을 높게 하는 요인으로 판단된다.

앞서 살펴본 것처럼 전통시장이 무너진다면 그것이 내부적으로는 상인들의 문제에 국한되지만, 지역 차원에서 보면 지역주민의 생활권에 대한 문제이고 소비자 입장에서 보면 유통 서비스를 제공받는 소비에 대한 문제이기도 하다. 그러므로 지역사회에서 중요한 위치를 차지하는 전통시장의 가치를 유지·발전시키기 위해서는, 전통시장의 운영·관리를 시장경제체제의 논리에만 맡겨서는 안된다. 정부는 전통시장을 지원해야 할 책임이 있으며, 전통시장 활성화 방안은 다양한 측면에서 모색해야 할 것이다.

III

빅데이터 분석
및 체계

1. 이론적 관계 정립

전통시장 활성화 요인을 빅데이터를 활용하여 소비자의 인식과 감성에 대한 실증적 분석을 시도하고자 한다. 연구의 내용과 방법론 구성을 위해 전통시장에 대한 소비자의 인식과 감정, 그리고 이들의 정보 추출을 위한 빅데이터 분석에 대한 이론 고찰 정의를 바탕으로 그 관계를 정립하고자 한다.

1) 소비자의 인식 · 감성 정보와 전통시장 활성화 간의 관계

소비자의 인식 및 감정정보와 전통시장 활성화 간의 관계를 파악함에 있어 일반화된 인식을 검토할 필요가 있다. 또한 기존 연구의 이론을 바탕으로 쇠퇴한 지역을 활성화하기 위한 수단으로써 상권의 활성화가 미치는 영향을 살펴볼 필요가 있다. 국내의 전통시장을 대상으로 한 연구는 대부분 전통시장의 경제적 활성화 방안과 전통시장 활성화 정책의 평가에 초점이 맞추어져 있다. 최근 소매 업태로서의 경쟁력을 되찾을 수 있는 활성화 방안으로 전통시장의 문화, 예술, 관광, 여가를 접목한 활성화에 주목하고 있으나, 이러한 분야의 접근으로 전통시장을 방문하는 소비자의 감성을 도출하여 분석하는 연구는 상대적으로 매우 적은 상태이다.

우선 상권의 활성화를 통한 지역경제 및 장소성 회복의 연구는 주도 도심부를 대상으로 한 연구가 많다. 우리나라의 경우 1960년대 이후 도시의 팽창과 더불어 나타나기 시작한 지역문제를 해결하기 위해 지역 활성화 관련 연구가 활발히 이루어지고 있다. 그 중 차성룡(2010)은 문헌조사와 설문조사를 이용하여 신도시의 개발에 따른 구도심의 쇠퇴 현황 및 원인을 분석하고 전통시장 지원을 통한 활성화방안을 강구함으로써 목포의 효과적인 재생방안을 제시하였다. 박천보(2002)는 구도심 지역에 불균형한 도시개발이 이루어지고 있는 대전광역시를 사례지역으로 선정하여 도심공동화의 해결방안으로 복합단지 개발, 전통시장 재개발, 특화지역 조성 등을 제시하였다. 기존 동대문 운동장에서 동대문디자인플라자(DDP)라는 관광적 요소의 새로운 등장이 주변에 위치한 동대문 시장에 미치는 영향은 해외 학계에서 주목하는 시장의 기능으로도 살펴볼 수 있다. 대형 할인점(Big-Box Retail)이 보편화 된지 오래인 서구에서는, 시장 공간을 단순히 상품거래처로만 인식하는 것이 아니라, 도시의 공공공간으로 바라보고 이를 재해석하고 재발견하려는 연구가 지속되어 왔다(Watson, 2009; McGrath et al., 1993; Miller, 2015; Morales, 2006; Somer · Herrick · Somer, 1981). 이 연구들은 주로 마트와 체인상점들과 대조적으로 시장에서의 사회적 교류, 즉 상인, 고객들 간의 대면으로부터 커뮤니케이션이 발생한다는 점을 두고 시장의 공공장소(public space)로서의 가치를 재확인 하고 있다. 5일장과 같은 정기시장이 도시중심부에서 열릴 경우, 시장의 공공장소로서의 특성과 축제적(festive) 요소들로 인해, 주변 지역 혹은 외부에 흩어져 있는 지역민들을 모이게 하는 효과를 발생시킬 수 있다. 또한 근린의 시장이 활성화 되었을 때에는 음식점, 레스토랑, 호텔 숙박업과 같은 주변 상업 활동 역시 활성화되는 효과가 나타나 지역이 재생되는 메커니즘이 발생한다는 것이다(Miller, 2015). 이것이 지역 커뮤니티를 단합시키거나, 도시의 활력증진을 불러일으키는 등의 효과를 발생시켜, 궁극적으로 침체된 도심을 활성화시키는 전략 요소로 정책적으로 활용될 수 있는 가능성도 제시되었다(McGrath et al., 1993).

소비자의 감성을 주요한 요인으로 판단한 연구들을 살펴보면 박봉두(2007)가 전통시장 소비자들의 인식조사 결과 채소, 과일, 생선 등의 1차 상품의 우수한 품질, 저렴한 가격, 다양한 상품의 구색과 더불어, 심리적 연대감을 형성할 수 있는 단골, 덤, 지인과의 동행 등, '정'의 개념이 전통시장에서 경험할 수 있는 경쟁력이 된다고 하였다. 또한 이미지(2014)는 수도권 지역의 대표적인 풍물 장터인 모란시장 복합문화공간화에 적합한 장소성 추출 과정에서, 모란시장과 전통시장 전반에 대한 이용자들의 감정과 느낌을 분석하여 문화관광화에 적용하는 방안을 제시하였다. 그밖에 전통시장을 정겨움, 단골, 향토, 지역성을 담은 장소로 언급하고 있지만, 이것이 구체적인 연구의 소재로 다루어진 경우는 많지 않은 것으로 파악된다.

즉, 쇠퇴한 지역을 활성화하기 위한 수단으로서 상권 활성화가 영향을 미친다(박천보, 2002)는 본 연구내용과의 정합성을 위해 살펴본 도시 공간 변화와 소비자 인식 변화 간의 이론적 정립은 효과적인 도시 공간 변화가 지역의 상권은 물론 지역의 재활성화로의 가능성이 있음을 시사한다. 또한 소수의 연구들에서 도출된 소비자가 지각하는 전통시장에 대한 감성은 전통시장 활성화의 영향과 관계가 있음을 알 수 있다.

2) 소비자의 인식·감성 추출과 빅데이터 간의 관계

지금까지 진행된 많은 연구들을 살펴보았을 때 특정 대상에 관한 이용자의 인식 및 만족도 등과 같은 사람의 심리를 살펴보고 분석하고자 하는 연구들은 다양한 분야에서 다양한 방법으로 이어지고 있다. 그러나 그 방법은 매우 한정된 데이터를 바탕으로 특정 시점에 조사된 설문조사 및 인터뷰에 한정되어 조사되고 분석된 연구들이 대다수를 이룬다. 이러한 흐름에 속에서 그동안의 방식에 대한 한계를 느끼며 새롭게 등장한 것이 빅데이터이다. 최근 국내외적으로 빅데이터가 이슈화되고 있으며, 그에 대한 다양한 기술이 부각되어 정치, 상업, 학술 등 많은 분야에서 이를 활용하고자 하는 움직임이 일어나고 있다. 이러한 사회적 분위기 속에서 대량의 SNS 데이터로부터 새로운 정보를 추출하여, 사용자의 의도와 진의를 파악 할 수 있다(백봉현, 2014). 이렇게 생성된 빅데이터는 다양한 방법으로 분석과 해석이 가능한데 그 중 소셜 네트워크 서비스(SNS) 분석의 경우 소셜 네트워크에서 생성되는 다양한 빅데이터에 대해서 각 개인 또는 그룹의 소셜 네트워크 내 영향력, 관심사, 성향 및 행동패턴을 추출하고 분석하는 것이 가능하다. 따라서 이제는 특정 대상에 대한 사람들의 인식과 만족도에 대한 분석은 빅데이터 분석을 통해 보다 정확하고 다양한 의견을 얻어낼 수 있게 되었다. 아울러 오피니언 마이닝 혹은 감성분석의 경우, 어떠한 사용자가 생성한 온라인 텍스트 속에 담긴 감성(sentiment), 정서(affect), 주관(subjectivity), 또는 감정(emotion)을 식별하기 위해 사용된다(Chen and Zimbra, 2010). 즉, 감성분석을 통해 이용자가 서비스 또는 특정 공간으로부터 어떠한 느낌을 받았는지 파악하기 위한 것이다. 해외의 경우 감성분석 연구 관련 기법은 2000년대 이후로 활발히 연구되고 있는데,

특히 이러한 감성분석 연구가 급증한 주된 이유는 소셜 미디어의 확산에 있다(Liu 2012; Appel et al. 2015). 감성분석은 웹, 블로그, 카페, 소셜 네트워크 사이트 등에서 발생하는 텍스트에 적용이 가능하다. 이들은 주로 웹에서의 구전 혹은 온라인 구전(e-word of mouth, eWOM)으로 일컬어지는 것으로, 마케팅 분야에서 특히 중요한 데이터로써 활용되는 추세이다(Chevalier and Mavzlin, 2006; Chen and Xie, 2008; Duan et al., 2008; Ghose and I peirotis, 2011; Cui et al., 2012; Pagano and Maalej, 2013).

수없이 퍼져있는 정보를 분석해 새로운 정보를 만들고 현재 상황을 분석하며, 앞으로의 트렌드를 예측하는데 유용한 빅데이터에 체계적으로 접근한다면 특정 대상에 대한 이용자와 소비자의 인식과 감성을 읽어내는 새로운 길을 찾을 수 있다. 빅데이터는 이러한 가능성에 대한 해답을 줄 수 있을 것으로 판단되며, 이러한 맥락에서 본 연구에서는 전통시장 활성화에 있어 시장을 방문하는 소비자들의 인식과 감성정보를 빅데이터를 통해 분석하고자 한다. 온라인상에서 발생하는 빅데이터 정보와 전통시장 활성화를 위한 기존의 방대한 연구를 접목하는 것으로 기존 전통시장 활성화 연구에서의 현장 및 설문조사의 단편적이고 주관적일 수 있는 자료가 아닌, 수많은 사람들이 만들어낸 비정형 정보를 체계적으로 구축하고, 이를 실증 접목하도록 하는 비물리적 정보와 물리적 공간의 융합연구가 필요한 시점이다.

2. 빅데이터 분석의 개념 및 필요성

1) 빅데이터 분석의 개념 및 기능

디지털 기술의 발전과 모바일 기기의 보급 등으로 인해 우리 주변에는 규모를 가늠할 수 없을 정도로 많은 정보와 데이터가 생산 되는 '빅데이터(Big Data)'의 시대가 도래 했다. 빅데이터란 과거 아날로그 환경에서 생성되던 데이터에 비해 그 규모가 방대하고, 생성주기도 짧고, 형태에 있어서는 기존의 수치 데이터뿐 아니라 문자와 영상 데이터까지 포함하는 대규모 데이터를 분석하여 가치를 추출하고 결과를 분석하는 기술까지 포함한 개념을 말한다(John Gantz & David Reinsel, 2011).

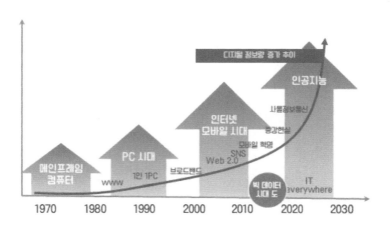

[그림 3-1] IT기술 발달과 디지털 정보

빅데이터에는 기업의 고객정보와 같은 정형화된 내부 통계뿐만 아니라 외부 데이터, 비정형, 소셜, 실시간 데이터 등이 복합적으로 포함될 수 있다. 특히 트위터, 페이스북, 유튜브 등 소셜 미디어의 등장으로 데이터 생성의 주체가 일반 개개인으로 크게 확대 되었으며, 매 순간 다양한 형태의 데이터가 축적되고 있다(박훈진, 2015). 이러한 소셜 서비스의 이용과 스마트폰의 보급으로 데이터는 과거에 비해서 더 방대하게 늘어나고, 더 다양한 형태를 가지고, 실시간에 가까운 속도로 생성되고 있는데, 빅데이터 분석 기술들이 발달하면서 이러한 빅데이터를 저장하고 분석하는 것이 가능하게 되었다. 데이터의 자원이 축적과 공유를 통해 엄청난 규모로 쌓이면서 데이터의 역할도 분석과 추론의 방향으로 진화해가고 있다(강만모,2012).

[그림 3-2] 빅데이터의 새로운 가능성과 대응 전략

데이터 생성 및 이용이 급증하면서 빅데이터는 비즈니스 성공 전략의 중요한 전략 수단으로 자리 잡고 있으며, 도시경쟁력 강화를 위해 공공 분야에서도 사회 현상을 파악하고 미래를 예측하는 업무에 빅데이터를 활용하고자 하는 움직임이 활발해지고 있다. 이를 위해서는 삶의 질 향상을 위한 핵심 요소로써 IT, 환경 및 교통인프라, 산업 등 도시경쟁력을 나타내는 주요 지표들의 활성화를 통해 더욱 차별화되고 경쟁력 있는 도시브랜딩을 위한 전략적 노력이 필요하다(엄희경,

2015). 따라서 빅데이터는 기존의 환원주의적인 접근만으로 해결할 수 없었던 다양한 사회 현상들에 접근하기 위해 상호작용을 위한 보완재적 장치로 활용할 수 있다.

이러한 빅데이터의 활용이 가능하게 하려면 생성과 흐름이 빠르게 진행되는 엄청난 양의 데이터를 분석하고 처리하기 위한 기술이 필요하다. 일반적으로 빅데이터 분석 기법들은 통계학과 전산학, 특히 기계학습이나 데이터 마이닝 분야에서 이미 사용되던 분석기법들의 알고리즘을 개선하여 적용하고 있다(배규용, 2013). 그러나 데이터 매쉬업[8]을 통해 각각의 빅데이터를 융합·분석함으로써 새로운 가치를 발견하고 이를 통한 의사결정을 가능케 하며, 분석결과를 기초로 수요자 맞춤형 서비스를 제공함으로써 새로운 가치를 창출할 수 있으므로 그 중요성이 더욱 부각되고 있다.

앞으로 더욱 진화되고 발전된 빅 데이터 사회에서는 수집된 정보의 분석이 그 핵심 기술로 인식되고 있으며, 더욱 진화될 지능화 사회에서는 예측 기술을 바탕으로 가치창출을 통한 최적화된 사회를 지향할 것으로 보인다. 더욱 빠르게 변화할 미래사회는 불확실성과 리스크, 스마트, 융합과 같은 특징을 바탕으로 빅 데이터의 통찰력과 대응력, 경쟁력, 창조력 등 그 역할과 가치를 더욱 높여줄 것으로 전망된다(이진형. 2015).

---

8) 매쉬업이란 서로 다른 사이트에서 제공되는 콘텐츠나 서비스를 조합하여 좀 더 가치 있는 서비스나 콘텐츠를 만들어 내는 것을 의미하며, Open API를 조합하여 완전히 새롭고 창의적인 서비스를 제공하는 개념을 포함한다. 예를 들어 구글 지도에 부동산 매물정보를 결합한 서비스인 구글의 하우징 맵스(housingmaps.com) 등이 있다.

2) 빅데이터 분석의 역할 및 필요성

빅데이터가 생성되고 활용되는 대표적인 공간은 도시이다. 특히 빅데이터는 생활패턴 변화의 탐지, 공간적 상관관계 분석, 시간에 따른 접근성 분석 등 다양한 도시 분야에 활용이 가능하며, 그 가치 또한 크다. 따라서 이러한 빅데이터를 효율적으로 구축하고 활용하는 것이 요구되며, 도시정보의 빅데이터화는 3V의 빅데이터를 6V(volume, variety, velocity, value, veracity, visualization)의 빅데이터로 진화시키는 것이라 할 수 있다(안종욱, 2013). 도시에서는 이미 데이터마이닝과 같은 빅데이터 분석기술을 통해 질병 발생을 예측하거나 교통량 패턴을 이해하고, 교육을 개선하는데 활용되고 있다. 그러나 아직도 도시에는 인구, 주택, 교통, 환경이나 기반시설 등으로 인한 다양한 문제가 발생하고 있다. 이러한 도시문제의 해결 실마리로써 빅데이터는 더욱 실용적 가치를 가지게 되며, 도시는 빅데이터 활용의 최적화된 환경, 공간을 제공하게 된다.

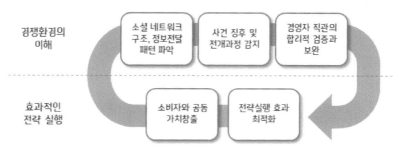

[그림 3-3] 빅데이터 분석의 활용 효과

이러한 빅데이터가 사회 각 분야로 확산되면서 사회전반의 생산성 향상에 기여할 전망이다(이만재, 2011). EU의 경우, 15~20%의 공공 관리 비용 감소했으며, 2~4천 달러의 가치창출 되었으며, 향후 10년 간 0.5% 생산성 증가효과 기대된다. 제조업 적용시 상품개발 및 조립 비용을 50% 이상 절감 가능하며 운용자본도 7% 이상 절감되고 개인 의 LBS 정보는 바이트당 부가가치가 높아 2020년경에는 약 $7,000억 의 가치 창출할 것으로 예상된다.

[표 3-1] 도시문제에 대한 빅데이터 적용 방법

도시문제	기존 해결 방법	빅데이터 적용 방법
홍수, 침수지역 발생	접근 통제, 언론 보도	SNS 활용 침수지도 작성 및 실 시간 전파
범죄 발생	경찰 투입, 사후 처리	범죄발생 예상 장소에 경찰 배치
질병(독감) 발생	발생 후 언론보도	관련 검색어 분석을 통한 지역별 조기 경보체계 가동
교통혼잡에 따른 소통문제	경찰관에 의한 인위적 소통, 교통정보서비스센터 의 사후 교통정보 제공	실시간 교통정보 제공, 예측 교통정보 제공
에너지(전력) 문제	전력부족 언론보도, 캠페인, 요금 인상	고객의 실시간 전력 사용량 체크, 고객 중심의 합리적 에너지 소비 유도
낙후지역 개발	계획 수립, 주민의견은 간단한 설문조사	지역 주민의 다양한 생활 데이터 분석을 통한 맞춤형 도시개발
시민과의 소통부재	지자체에서 시민에 대한 단방향 통보, 다양한 민원에 따른 반복행정	지자체와 시민의 양방향 의견 교환, 민원 지도 작성으로 불필요 한 업무 경감
대규모 이벤트 안전, 효과분석	이용자 규모 파악 불가능, 정량적 효과분석 불가	SNS, 모바일 트래픽 분석을 통한 실시간 이용자 규모에 따른 대응 및 시각적 효과 분석

출처 : 이원규, 2013, "빅데이터를 활용한 스마트 도시관리", BDI포커스, 제190호, 부산발전연구원, 2쪽

세상에 존재하는 모든 데이터 중 90%가 지난 3년 동안 생성되었다고 할 정도로 급속도로 늘어난 데이터를 활용하는 방안이 정부 및 기업들의 큰 이슈로 등장하고 있다. 빅데이터의 시대가 열리면서 예전에는 유통업체가 고객 반응 데이터를 수집하기 위해서 질문이나 모의실험을 통해 패턴을 예상하고 마케팅 전략을 세웠다면, 지금은 고객의 포인트 카드 및 매장 곳곳에 설치된 CCTV 등의 정보까지 활용하고 있다. 제조업체의 경우도 SNS상에 나온 키워드를 분석해 자사 기업이 출시한 제품에 대한 반응을 분석해 기업 상품 출시 전략 등에 활용하고 있다. 스마트폰, 사물통신 등을 통한 데이터양이 증가하면서 이를 활용하는 솔루션 기업들도 대거 등장할 것으로 전망된다. 또한 빅데이터의 활용은 산업부문별로 약 0.5~1% 정도의 생산성을 증가시킬 것으로 전망된다. 특히 미국의 의료 부문에서는 연간 3,000억 달러의 가치를 증대시킬 것으로 전망되는데 이는 스페인의 연간 의료지출비의 2배에 이르는 상당한 금액이다. 빅데이터의 잠재적 활용가치는 산업 분야별로 차이가 존재하는데 가장 잠재가치가 높은 부문은 컴퓨터, 전자제품 및 정보통신 분야가 될 것으로 전망된다. 왜냐하면 대용량 데이터에 접근이 용이할수록 혁신 속도가 촉진될 것이기 때문이다(강만모 외, 2012).

이렇듯 도시가 발달하고 사람들이 도시로 모여들고 정보통신기술 등이 발전함에 따라 도시정보는 빅데이터화 되고 있고, 결국 불확실하고 리스크가 존재하는 미래사회에는 통찰력, 대응력이 필요하고, 스마트하고 융복합의 미래사회에는 경쟁력과 창조력을 필요로 한다. 즉, 미래사회의 특성에 맞는 빅데이터의 역할이 존재한다.

[표 3-2] 미래사회와 빅데이터의 역할

미래사회 특징		빅데이터의 역할
불확실성	통찰력	- 사회현상, 현실세계의 데이터를 기반으로 한 패턴 분석과 미래전망 - 여러가지 가능성에 대한 시나리오 시뮬레이션 - 다각적인 상황이 고려된 통찰력을 제시 - 다수의 시나리오의 상황 변화에 유연하게 대처
리스크	대응력	- 환경, 소셜, 모니터링 정보의 패턴 분석을 통한 위험징후, 이상 신호 포착 - 이슈를 사전에 인지, 분석하고 빠른 의사결정과 실시간 대응 지원 - 기업과 국가 경영의 명성 제고 및 낭비요소 절감
스마트	경쟁력	- 대규모 데이터 분석을 통한 상황인지, 인공지능 서비스 등 가능 - 개인화, 지능화 서비스 제공 확대 - 소셜분석, 평가, 신용, 평판 분석을 통해 최적의 선택 지원 - 트렌트 변화 분석을 통한 제품 경쟁력 확보
융합	창조력	- 타 분야와의 결합을 통한 새로운 가치창출 - 인과관계, 상관관계가 컨버전스 분야의 데이터 분석으로 안전성 확보, 시행착오 최소화 - 방대한 데이터 활용을 통한 새로운 융합시장 창출

출처 : 강만모 외, 2012, "빅데이터의 분석과 활용", 정보과학회지, 제30권 제6호, 정보과학회, 30쪽

3) 빅데이터 분석의 기술

현재 빅 데이터의 분석기술은 통계학과 전산학, 기계학습·데이터 마이닝 분야에서 사용되던 기법의 알고리즘을 대규모 데이터 처리에 맞도록 수정·보완하여 빅 데이터 처리에 적용시키고 있으며, SNS에서 발생하는 비정형 데이터의 증가로 인하여 분석기법들 중에서 소셜 네트워크 분석, 텍스트·오피니언 마이닝 등이 주목을 받고 있다(이진형,

2015). 본 연구에서 적용된 빅데이터 분석기술의 설명은 다음과 같다.

① 소셜 네트워크 분석 (Social Network Analysis)

소셜 미디어는 정부와 국민, 기업과 소비자, 개인과 개인의 소통방식에 혁신적인 변화를 가져다주었다. 이러한 소셜 미디어에 대한 소셜 네트워크 분석(Social Network Analysis)은 수학의 그래프 이론에 뿌리를 두고 연결구조와 연결강도 등을 바탕으로 사용자의 영향력을 측정하여, 트위터나 페이스북과 같은 소셜미디어는 SNS 상에서 방대한 데이터의 양 말고도, 자발적으로 표현된 의견이라는 점, 실시간으로 확보 가능한 정보라는 점 등 기존에 인위적으로 만들어진 실험 환경이나 구조화된 설문 방식을 통한 연구와 차별화되기 때문에 연구대상으로 각광받게 되었다. 이용자는 의식하지 못하는 사이에 자신의 일상에 대한 많은 정보를 쏟아내고 있으며, 하나의 트윗은 가치가 없어 보이나, 수백 개, 수천 개의 데이터가 쌓이게 되면 가치 있는 정보가 될 수 있다.

② 텍스트 마이닝 (Text Mining)

텍스트 마이닝은 데이터 마이닝 기법[9]으로 문서 등에 포함되어 있는 단어를 추출한 후 각 키워드별 빈도를 산출하여 그 결과를 바탕으로 유사한 문서를 클러스터로 표시하는 방식이다.

---

9) 대량의 데이터로부터 쉽게 드러나지 않는 유용한 정보를 추출하는 과정을 의미하며, 기업의 거래자료, 고객자료, 상품자료, 마케팅 활동의 피드백 자료 등 다양한 내·외부자료를 바탕으로 새로운 정보를 도출하여 경영 등에 활용하기 위한 자료를 찾는 과정을 말한다.

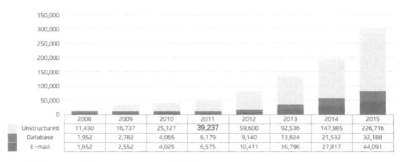

	2008	2009	2010	2011	2012	2013	2014	2015
Unstructured	11,430	16,737	25,127	39,237	59,600	92,536	147,885	226,716
Database	1,952	2,782	4,065	6,179	9,140	13,824	21,532	32,188
E-mail	1,652	2,552	4,025	6,575	10,411	16,796	27,817	44,091

(출처 : enterprise strategy group, 2010)

[그림 3-4] 정형/비정형 데이터 유형의 변화

텍스트 마이닝(Text Mining)은 비·반정형 텍스트 데이터에서 자연어처리 기술에 기반을 두어 유용한 정보를 추출하고 가공하는 것을 목적으로 하는 기술로서, 방대한 양의 텍스트 속에서 의미 있는 정보를 추출하여 다른 정보와의 연계성을 파악한 뒤, 텍스트가 갖고 있는 카테고리를 찾아내는 등의 결과를 도출할 수 있는 분석기술이다.

③ 오피니언 마이닝 (Opinion Mining)

오피니언 마이닝(Opinion Mining)은 감성분석이라고도 하며, 새로운 여론 분석 기술로 각광받고 있다(김정숙, 2012). 기존의 데이터 마이닝 기술을 활용하여 웹상에 게재된 블로그, 상품평 등에 나타나는 저자의 의견을 추출하는 분야로써 텍스트의 주제를 판단하는 것이 아닌 주제에 대한 저자의 태도를 판단하는 기술이다. 텍스트의 주관성 분석, 극성 분석, 극성의 정도 분석으로 크게 나뉘어 연구 되어 왔다(김진욱, 2011). 즉 텍스트를 분석하여 네티즌들의 감성과 의견을 통계·수치화하여 객관적인 정보로 바꿀 수 있는 기술이다. 오피니언 마이닝은 리뷰 데이터와 같은 대량의 정보 속에서 유용한 정보를 찾아낼 수 있고, 묻고 답하는 방식을 넘어 이용자들의 생각과 표현의 파편을 모아 일정한 법칙성을 찾아내어 새로의 의견 형성을 발굴하고 탐사하는 방식이다. 이러한 감성분석에서 중요히 여겨지는 언어의 구문론적, 형식적 부분은 대부분 촘스키의 1950-60년대 연구에 기반을 두고 있다(Appel et al., 2015). 그러나 실질적으로 감성분석 연구가 활발히 이루어지고 많은 발전을 보인 것은 2000년대 이후이다. Pang과 Lee(2008)는 감성분석에 접근하는 다양한 연구 방법들과 이론에 대해 정리했고, Liu(2012)의 정리를 통해 발전된 감성분석 방법론과 적용 방향에 대한 파악이 가능해졌다.

　이 책에서는 소셜 네트워크 분석, 텍스트 마이닝, 데이터 마이닝 등을 적용하여, 주제어를 포함하는 데이터를 추출하고 이에 대한 분석을 하였다.

[표 3-3] 빅데이터 분석 기술

영역	내용
NDAP (NexR Data Analytics Platform)	데이터의형태와 관계 없이 모든 데이터의 수집차리저장 분석 등과 관련한 모든 엔드투엔드 서비스를 제공하는 플랫폼
기계학습 (Machine learning)	인공지능의 한 분야로 패턴인식 등 컴퓨터가 학습할 수 있도록 알고리즘과 기술을 개발
네트워크 (Network)	개인 또는 집단이 하나의 노드가 되어 각 노드들 간의 상호 의존적인 관계에서 만들어지는 관계구조
시멘틱 웹 (Semantic Web)	분산 환경에서 리소스에 대한 정보와 지원 간의 관계 및 의미 정보를 온톨로지 형태로 표현하고 이를 자동화 처리가 가능하도록 하는 프레임 워크
온톨로지 (Ontology)	도메인 내에서 공유하는 데이터들을 개념화하고 명시적으로 정의한 기술
패턴인식 (Pattern recognition)	데이터로부터 중요한 특징이나 속성을 추출하여 입력 데이터를 식별할 수 있도록 분류하는 기법
EDW (Enterprise Data Warehouse)	기존 DW(Data Warehouse)를 전사적으로 확장한 모델
데이터마이닝 (Data Mining)	대용량의 데이터, 데이터베이스 등에서 감춰진 지식, 새로운 규칙 등의 유용한 정보를 패턴인식, 인공 지능 기법 등을 이용하여 데이터 간의 상호 관련성 및 유용한 정보를 수출하는 기법
텍스트마이닝 (Text Mining)	자연어로 구성된 비정형 텍스트 데이터에서 패턴 또는 관계를 추출하여 가치와 의미 있는 정보를 찾아내는 기법
오피니언마이닝 (Opinion Mining)	웹서버 내의 데이터베이스에 저장되어 있는 어떤 주제 혹은 특정 대상자의 의견을 포함하고 있는 텍스트 속에서의 의미를 추출하여 감성(긍정, 부정 등)을 분석하는 기법
웹마이닝 (Wev mining)	인터넷상에서 수집된 정보를 데이터마이닝 기법으로 분석 통합하는 기법
소셜 네트워크 분석 (Social Network Analysis)	소셜 미디어를 언어분석 기반 정보추출을 통해 이슈를 탐지하고 흐름이나 패턴 등의 향후 추이를 분석하는 기법

3. 연구 대상지 및 분석체계

1) 대상지 선정과정

연구 분석의 대상은 서울 도심부에 위치하며, 최근 다양한 활성화 요인으로 일반 소비자뿐만 아니라 국내외 많은 관광객이 방문하여 도심부 상권에 활력을 불어넣고 있는 전통시장을 대상으로 한다. 연구 분석 대상의 선정은 연구의 목적에 따라 두 가지로 구분된다. 전통시장 주변 대규모 공간 변화가 미치는 영향을 분석하는 대상과 전통시장의 활성화 요인을 도출하는 대상이다. 본 연구의 목적에 부합하는 연구대상 시장을 선정하기 위해 위치적 조건, 기능적 조건, 규모적 조건과 같이 세 가지의 전제조건을 설정하였다.

첫째, 위치적 조건으로는 도심부의 전통적인 상업지역이나 중심지역에 위치한 시장으로 한다. 외부공간 효과분석 연구 대상의 경우 근접한 지역에 대규모 도시공간 변화가 발생한 인접지역에 위치한 시장으로 한다.

둘째, 기능적 조건으로는 활성화 요인 도출 연구 대상의 경우, 시장의 취급상품별 분류기준에서 일반시장으로 한정하며, 외부공간 효과 분석 연구 대상의 경우 일반시장과 전문시장 모두 고려대상에 포함한다.

셋째, 규모적 조건으로는 연구결과의 확장성과 적용성 등 파급력을 고려하여 전국상권크기 및 대형규모의 시장으로 한다.

위 전제조건에 해당하는 전통시장을 선정하기 위해 2016년 기준 서울시에 위치한 330개 전통시장의 특성을 살펴보았다. 등록 및 인정시장으로 분류된 시장 중, 우선 도심부(종로구, 중구, 용산구)에 위치한 전통시장으로 한정하면 66개로 분류된다. 분류된 시장은 다시 일반시장과 전문시장으로 구분할 수 있다. 소상공인진흥공단의 분류 체계에 의하면, 전문시장은 전통시장 분류업종 8개 중 어느 한 업종이 차지하는 비율이 50%이상인 곳들이며, 전문시장을 제외한 곳들은 모두 일반시장으로 분류된다(이윤명, 2017). 전통시장의 활성화 요인을 도출하는 대상지에는 전문시장을 제외하였다. 그 이유는 전문시장의 경우 소수 업종에 특화되어 있고, 방문 고객들도 도매상인이 평균 50%이상으로, 여타 시장들과는 상권의 범위나 판매되는 물품의 종류, 기능과 위계에 있어 상이하기 때문이다(김종국, 2007). 마지막으로 시장의 규모와 상권의 크기를 기준으로 연구대상을 선별하였다. 시장의 규모는 대형, 중대형, 중형, 소형시장으로 구분되며, 상권의 크기는 전국상권, 광역상권, 지역상권, 근린상권으로 구분할 수 있으나, 본 연구에서는 연구의 확장성과 파급력을 고려하여 대형 규모, 전국상권 크기의 시장으로 선정하였다. 분류 기준 적용 결과, 9개의 전통시장이 도출되었고 이를 바탕으로 연구의 대상지를 선정하였다.

[표 3-4] 연구대상지 선정을 위한 분류 기준

자치구	전통시장 등록유무	취급상품별 일반/전문*	상권크기별 전국/광역/ 지역/근린	시장규모별 대형/중대형/ 중형/소형
도심부 (종로구, 중구, 용산구)	등록시장, 인정시장	연구내용에 따라 분류	전국 상권	대형 규모

* 활성화 요인 도출 연구의 경우 시장의 특성을 고려하여 '일반시장'에 한정

[표 3-5] 분류 기준을 통해 선별된 전통시장

시장명	면적 (㎡)	자치구	전통시장 등록유무	취급상품별 일반/전문	상권크기별 전국/광역/지역/근린	시장규모별 대형/중대형/중형/소형
광장시장	18,975	종로구	등록	일반시장	전국상권	대형시장
동대문시장	69,141	종로구	등록	전문시장	전국상권	대형시장
남대문시장	64,612	중구	등록	전문시장	전국상권	대형시장
방산시장	23,336	중구	등록	전문시장	전국상권	대형시장
평화시장	27,704	중구	등록	전문시장	전국상권	대형시장
청평화시장	12,917	중구	등록	전문시장	전국상권	대형시장
삼익패션타운	29,620	중구	등록	전문시장	전국상권	대형시장
신평화패션타운	13,494	중구	인정	전문시장	전국상권	대형시장
동평화시장	24,768	중구	인정	전문시장	전국상권	대형시장

이 중 일반시장의 경우, 광장시장만이 도출되었으며, 광장시장을 제외한 시장 중, 가장 규모가 크고 최근 대규모의 공간 변화가 일어난 동대문디자인플라자(DDP)와 위치적으로 가장 근접한 동대문시장으로 선정하였다.

[그림 3-5] 연구의 대상지 위치도

2) 연구의 분석체계

전통시장에 대하여 단순히 상품거래의 공간을 넘어 도시공간계획의 측면을 고려한 인식변화를 고찰하고자 한다. 또한 활성화되고 있는 전통시장의 유입인자를 도출하고 도출된 요인의 감성정보를 추출하여 전통시장 활성화를 위한 새로운 전략 수립을 위해 실증분석 하고자 한다.

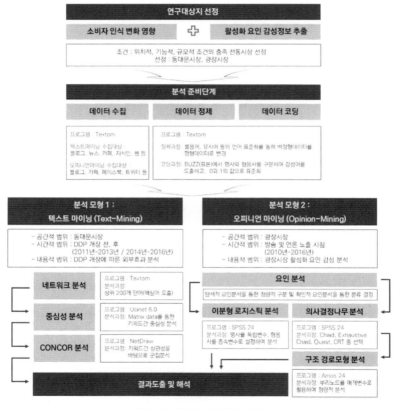

[그림 3-6] 연구의 분석체계 흐름도

이에 따라 연구의 분석 단계는 내용에 따라 다르게 적용되며, 세부적인 분석체계와 방법은 [그림 3-6]과 같다.

연구의 대상지 연구의 내용과 조건에 따라 대상지를 선정한다. 이후 서로 다른 대상지의 분석을 위해서는 공통적으로 분석 준비단계가 필요하다. 데이터를 수집하고, 수집된 데이터는 정제과정을 거쳐 분석을 위한 데이터 코딩이 선행되어야 한다.

인식 변화 영향 연구의 경우 텍스트 마이닝 방법을 적용한다. 텍스트 마이닝은 도출된 텍스트에서 자연어처리 기술을 이용하여 유용한 정보를 추출하고 텍스트 간 연계성을 파악하여 분류 혹은 군집화 등 빅데이터의 숨겨진 의미 있는 정보를 발견하는 방법으로서 사람들이 해당 대상에 관하여 기록하고 평가한 데이터를 분석하는데 효과적인 방법이다.

활성화 요인에 대한 감성정보 추출 연구의 경우 오피니언 마이닝 방법을 적용한다. 웹과 소셜미디어의 텍스트 문장을 대상으로 자연어처리기술과 감성분석 통계기법을 적용하여 소비자의 의견을 분석하는 것으로 활성화 요인으로 도출된 각 요인들의 긍정 또는 부정 감성을 확인할 수 있다.

이와 같은 분석 내용에 따른 분석 방법을 적용하여 결과를 도출하고 도출된 결과값을 해석하는 과정을 통해 시사점을 제시한다.

3) 인식변화 도출을 위한 연구 방법론

동대문시장 대한 소비자의 인식 변화를 알아보기 위해 관련 텍스트의 사용빈도와 텍스트 간 연결망 도출을 위한 텍스트 마이닝 분석을 실시하고자 한다. 텍스트 마이닝 분석에 해당하는 네트워크 분석 자체는 최신의 연구방법은 아니지만, 빅데이터(big data)에 대한 관심과 더불어 네트워크 분석도구의 발달을 통해 최근 다양한 사회영역에 적용되고 있다(정승환, 2014). 이러한 키워드 네트워크 분석은 내용분석 기법의 한 종류로 단어들의 연관성이나 내용(content)기반의 속성을 추출하고, 추출한 키워드(단어)의 동시출현 빈도를 바탕으로 키워드 간 관계를 살펴보는데 사용되어진다.

[표 3-6] 텍스트 마이닝 단계별 분석 방법

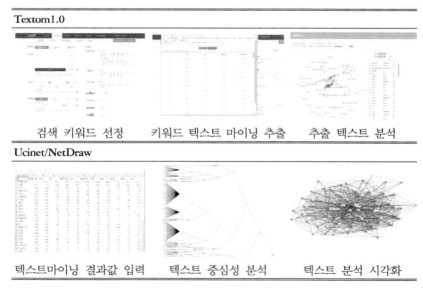

Textom1.0		
검색 키워드 선정	키워드 텍스트 마이닝 추출	추출 텍스트 분석

Ucinet/NetDraw		
텍스트마이닝 결과값 입력	텍스트 중심성 분석	텍스트 분석 시각화

70

① 키워드 네트워크 분석(Keyword Network Analysis)

내용분석 기법의 한 종류인 키워드 네트워크 분석은, 명사 또는 형용사 형태의 단어들의 근접 출현 정보를 바탕으로 키워드 간의 연관성을 파악하여(안형준, 2012), 핵심적인 역할을 하는 키워드를 통해, 텍스트 메시지 내에서 구성되는 그들의 연결 관계를 분석하는 것을 말한다(이수상, 2014). 즉, 단어 빈도분석과 공출현 연결망 분석을 통해 핵심어의 두드러진 양상과 이들 사이의 근접성과 같은 구조를 보여주는 데 주로 활용된다(김형일, 2011). 이에 국내·외 다양한 선행연구에서는 공출현 빈도를 통해 얻은 핵심어를 바탕으로 연결 강도를 측정하여 연구의 패턴과 추세나 동향을 파악한 연구가 이루어져 왔다(Choi & Hwang, 2014; Choi & Kang, 2014; Choi, Yi, & Lee, 2011). 연구의 주제는 현재 사회의 구조적 양식과 사회발전과 상관관계를 지니고 있으며, 연구주제의 키워드는 연구 주제의 중요성을 나타내는 지표 역할을 하며, 키워드 간의 관계의 도식화는 연구주제의 진화에 대한 통찰력과 시사점을 도출하는 데 활용될 수 있기 때문이다(Choi & Kang, 2014). 따라서 출현빈도는 단순한 통계적 검증 뿐 아니라, 네트워크 분석 기반으로 활용된다는 것을 살펴볼 때 분명 의미가 있는 방법이라고 할 수 있다(권선영, 2014).

이에 최근 네트워크적인 성격을 가지기 시작한 사회변동 속에서 네트워크 분석에 대한 중요도가 커지게 되면서 이에 대한 학문적인 주목도도 높아지고 있다(오익근, 2015). 이 분석법은 많은 학문분야에서 빠른 속도로 보급되었으며, 이제는 대부분의 사회과학 분야, 물리학, 생물학 등의 자연과학분야 등에서 다양한 연구가 이루어지고 있다. 특히, 인터넷 사회의 등장과 정보의 폭발과 초연결사회의 도래로 복잡한 네트워크에 숨겨져 있는 정보의 비밀을 탐색하는 목적으로 정치, 경제, 조직 등의 분야에서도 활용되고 있다.

　이러한 맥락에서 본 연구는 사회 네트워크 분석에서 나온 기법을 이용하고자 한다. 네트워크 분석 방법은 시스템을 구성하는 개체들 간의 관계구조를 연구대상으로 하는 실증적 연구 방법론으로 분석 단위가 개별 요소들이 아니라 개별 요소들 간의 관계성을 가진 연결망, 즉 구조(structure)를 살피는 것이 주요한 분석 틀이라고 할 수 있다. 따라서 키워드 네트워크 분석 결과에 따라 빈도수를 기준으로 정렬하고 정제 과정을 거쳐 상위 200위에 포함되는 키워드를 선별해서 분석에 활용한다. 이후 전개되는 '키워드 중심성 분석'과 '키워드 CONCOR 분석'에도 정제된 상위 100개의 텍스트를 연구 대상으로 한정하여 분석을 진행한다.

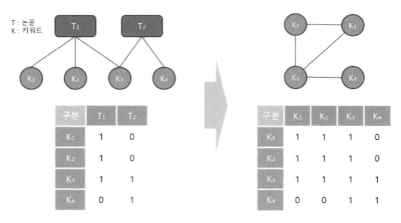

[그림 3-7] 연결망을 이용한 키워드 네트워크 구조

② 키워드 중심성 분석(Keyword Centrality Analysis)

키워드 중심성 분석 시 주로 사용되는 지표는 중심성 지표이다. 중심성이란, 다른 노드와 연결된 정도를 말하는 것으로 연결 망 내에서 한 노드에 연결되어 있는 점들의 합을 말한다(Martinus, Sigler, Searle & Tonts, 2015). 즉, 한 노드에 얼마나 많은 다른 노드들이 관계를 맺고 있는가를 통해서 그 노드의 중심에 위치하는 정도를 계량화한 것이다.

[표 3-7] 중심성(centrality) 분석 개요

구분	내용	본 연구에서의 적용
연결 중심성	네트워크의 노드들이 얼마나 많은 연결을 가지고 있는지를 중심으로 측정하는 개념. 한 노드에 연결된 다른 노드의 수로 측정. 연결된 노드의 수가 많을수록 연결 정도 중심성은 높아지게 되며, 가장 연결이 많은 단어는 그 네트워크의 중요한 역할을 하는 허브가 됨	단어 간 연결 정도를 측정하여 연결 중심성이 높은 단어는 다른 단어와 많이 연결되어 있는 것으로 해석
매개 중심성	하나의 노드가 다른 노드들과의 네트워크를 구축할 때 중개자 혹은 다리 역할을 얼마나 수행하는가를 측정하는 개념. 중개역할에 초점을 맞추어 '중심성'을 측정	매개 중심성이 높은 단어는 다른 단어들이 나타날 때 중개 역할이 상대적으로 많다고 해석
근접 중심성	하나의 노드가 다른 노드에 얼마나 가깝게 있는가를 나타내는 개념. 두 노드 사이의 거리가 가깝게 있다면 그 노드와 쉽게 연결된다고 보고 그만큼 중심적인 역할을 한다고 간주	근접 중심성이 높은 단어는 다른 단어와 쉽게 연결되어 나타난다고 해석
위세 중심성	직접적으로 관계를 맺고 있는 노드들뿐만 아니라 연결된 이웃노드들의 간접적인 관계까지 포함하여 영향력을 계산하는 개념	위세 중심성이 높은 단어는 중요하게 등장하거나 언급된 단어와 같이 연결된 정도가 많다고 해석

출처 : 오익근 외, 2015, "빅데이터 분석을 통한 한국관광 인식에 관한 연구", 관광학연구 제39권 제10호, 한국관광학회, 115쪽 내용을 재구성하여 정리

연결중심성의 경우, 한 노드(단어)의 중심성을 측정하여 연결된 노드의 수가 많을수록 연결중심성은 높아지며, 중요한 노드가 된다(Sun, Lin & Xu, 2015; 조윤호, 2009). 김학용(2012)은 네트워크를 구성하는 노드와 노드 상관관계는 대부분이 고정되어 있기 보다는 외부환경이나 시간의 흐름에 따라 동적으로 변화함에 따라서 네트워크의 변화 양상을 분석하는 것은 의의가 있다고 한 바 본 연구의 연구방법으로 적합할 것으로 판단된다. 따라서 본 연구는 앞서 진행된 '키워드 네트워크 분석'의 결과인 상위 100개 키워드를 연구대상으로 한정하여 중심성 분석을 진행한다.

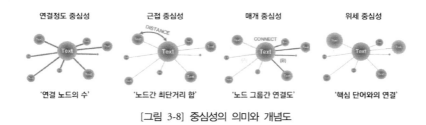

[그림 3-8] 중심성의 의미와 개념도

▶ 연결 중심성 분석 (Degree Centrality)

연결중심성이 높은 노드(계정)는 연결망 내 주도적인 역할을 수행하며 상대적으로 중요한 위치에 있다는 것을 의미한다. 다시 말해서 연결 중심성이 높은 노드(계정)는 동원할 수 있는 자원을 많이 소유하며 정보도 많이 소유할 가능성이 높기 때문에 조직에서 중심적인 역할을 수행 할 수 있다. 이를 공식화 한다면, 한 네트워크에서 임의의 노드가 다른 몇 개의 노드와 직접 연결되어 있는 이웃(neighborhood)노드의 합을 말하는데, 임의의 노드 연결정도를 $d(m_i)$, 전체 노드의 수를 g, 네트워크내의 모든 링크를 L이라고 할 때, 평균연결정도 m_d는 (식

3-1)과 같다.

$$m_d = \frac{\sum\limits_{i=1}^{g} d(m_i)}{g} = \frac{2L}{g}$$

(식3-1)

▶ 매개 중심성 분석(Betweenness Centrality)

매개중심성 분석은 연결망 내의 다른 노드들 '사이'에 위치하는 정도를 측정하고 있다. 이때 연결 노드들 사이에서 최단 경로 위에 위치할수록 그 노드의 매개중심성은 높아진다. 그러나 네트워크 내에서 매개중심성이 높은 노드가 네트워크에서 이탈할 경우 이 네트워크는 쉽게 붕괴 될 수 있다. 한편 매개중심성의 경우 동질은 물론 서로 다른 이질적인 집단의 연결력을 가진 군으로 관계망 내에서 커뮤니케이션의 원활한 흐름의 역할을 한다. 따라서 마케팅 분야에서 이질적인 잠재고객을 고정적인 마니아층으로 고객전환을 필요로 할 때 유용할 수 있으며, 정보의 동시다발적이고 광범위한 확산에 도움을 줄 수 있다.

▶ 근접 중심성 분석(Closeness Centrality)

근접중심성은 한 점이 다른 점에 얼마나 가깝게 위치하는가를 알 수 있는 분석으로 이는 점들 간의 경로거리를 고려하기 때문에 연결망 전체의 총체적인 관계를 파악할 수 있다. 예를 들어 기업 간 네트워크 내에서 근접중심성이 높은 기업이면 시장과 파트너에 대한 정보 확보에 적극적이며, 네트워크를 통해 신속히 필요한 자원을 확보할 수 있을 것이다. 한편 근접중심성은 관계망 속에서 영향력 있는 중심 노드와 가장 근거리에 위치한 노드로 정보 전달에 있어 가장 빠른 전달이 가능한 노드 군이다. 기업과 비교하자면 기업의 핵심 세력인 이사회에 해당된다고 볼 수 있다. 즉 해당 노드들은 문제 발생 시 가장 정확하게 정보를 전달·배포 가능한 군이라 할 수 있어 가장 빠르게 문제를 시정할 수 있는 통제력을 지닌 군이며, 가장 핵심 정보를 공유할 수 있는 층으로 저비용·저자원으로 빠르게 확산할 수 있는 고효율의 집단으로 해석 할 수 있다.

▸ 위세 중심성 분석(Eigenvector Centrality)

위세중심성의 경우 매개중심성과 혼동 될 수 있는데, 모두 다 노드에 연결된 노드의 영향력을 파악하는 지표라는 점은 공통된다. 그러나 매개중심성이 1차 자신의 노드 입장에서 분석된다면 위세중심성의 경우에는 2차 노드, 즉 연결된 노드의 입장에서 분석된다는 점이다. 다시 말해 한 노드에는 긍정의 노드와 부정의 노드 또는 중립의 노드들이 다수 연결되어 있는데, 이들 긍정·부정·중립의 노드들이 강한 영향력을 행사하느냐의 관점이다. 따라서 마케팅 전략 상 위세중심성에 해당되는 노드군들은 장단점의 상반된 요소가 극대화 되어있는 군으로 해석될 수 있으며, 특히 위험요소가 극대화 될 경우의 파급효과가 보장되지 않으므로 특별 관리 군으로 해석 할 수 있다.

③ 키워드 CONCOR 분석(Keyword Concor Analysis)

구조적 등위성 분석 중에 가장 보편적으로 사용되는 분석방법인 '키워드 CONCOR 분석'은 단어 간의 동시출현 매트릭스의 피어슨 상관관계 분석을 토대로 노드들의 블록을 식별해내고 블록들 간의 관계를 파악하는 방법이다. 흔히 복잡한 네트워크 집단의 숨겨진 하위집단들

의 관계의 구조적 분석에 활용된다. 연구하고자 하는 텍스트의 그룹화
된 단어들의 관계는 한 단어의 발생이 또 다른 단어의 발생을 표시해
줄 것이라는 가능성을 CONCOR 매트릭스를 통해 표현된다(Chung &
Park, 2010; Wasserman & Faust, 1994). 만약 두 행위자가 다른 행위
자들과 유사한 구조를 형성하고 있다면, 그리고 두 행위자가 다른 행
위자들로부터 동일한 패턴의 연계를 형성하고 있다면, 이 두 행위자는
구조적으로 동위성을 가지게 된다는 대수학 이념에 근거하고 있다(이
우권, 1999).

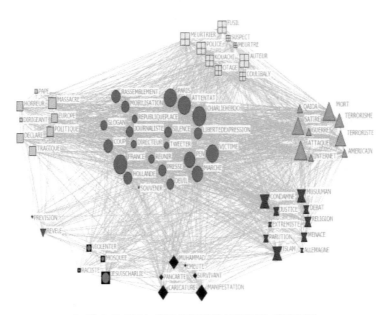

[그림 3-9] 프랑스 언론 '샤를리에브도'기사의 의미연결망

즉, CONCOR 분석은 모든 행위자의 쌍(pair of actors)간에 상관계수(Pearson's correlation coefficient)를 구하는데 결과적으로 모든 다른 행위자들로부터 연계에 근거하는 각 행위자 쌍들 간의 유사성에 대한 선형적 측정을 하는 것이다. 정적인 상관관계 값이 커질수록 행위자 쌍(a pair)의 구조적 동위성은 증가하는 것이다. 그래서 CONCOR 분석을 통해 각 웹사이트 간의 클러스터링을 알 수 있으며, 각 키워드 간의 관계 특성을 파악할 수 있다.

따라서 동대문시장의 소비자 인식이 동대문 디자인 플라자(DDP)의 개장 전후에 있어 클러스터의 범위 및 종류가 어떻게 변화되었는지를 파악하기 위해 CONCOR 분석을 활용하였다. 이는 구조적으로 객관화된 분석 방법을 넘어 시각적으로도 표현이 됨에 따라 연구에 대한 이해의 폭을 넓혀 주는 장점이 있으며, CONCOR 분석으로 도출된 클러스터의 결과값을 통하여 어떠한 인식 변화가 생겼는지를 최종적으로 확인할 수 있다.

4) 감성정보 추출을 위한 연구 방법론

전통시장 활성화 요인에 대한 소비자들의 감성정보 추출 분석방법으로는 텍스트 속에서 의미를 추출하여 감성(긍정, 부정 등)을 분석하는 기법인 오피니언 마이닝 기법을 적용하였다. 앞서 동대문시장을 분석한 텍스트 마이닝의 경우 영향력을 도출하기에는 적합한 방법이지만 도출된 영향 요인이 긍정요인 또는 부정요인인지에 대해서는 분석이 어렵다. 지금까지 전통시장 활성화 요인을 분석한 다수의 선행연구들도 만족도 및 재방문 의사를 분석하는 연구의 경우, 도출된 요인이 매우 한정적이며 소비자들의 의견 및 감성정보까지 도출하지는 못하고 있는 실정이다.

　본 장에서 다루는 오피니언 마이닝은 감성분석(Sentiment Analysis)으로 불리기도 하며, 제품, 서비스, 조직, 개인, 이슈, 사건, 토픽, 그리고 이들의 여러 속성에 대한 사람들의 의견, 감성, 평가, 태도, 감정 등을 분석하는 일련의 과정을 의미한다(Liu, 2012). 대다수의 사람들은 효율적인 의사결정을 하기 위해 타인의 의견을 참고하곤 한다. 기업은 제품 및 서비스 개발의 방향을 결정하기 위해 소비자들의 욕구 및 불만에 대한 의견을 알고 싶어 하는데, 이를 위해 과거에는 설문지배포 및 전화상담 등 다양한 형태의 조사를 수행하였다. 하지만 최근에는 빅데이터 분석 업체를 통해 트위터 혹은 페이스북 등의 소셜 미디어를 분석하는 등 소비자들의 의견을 수집하는 방법이 크게 변화 했다. 소셜 미디어를 통해 공개된 의견을 분석하는 방식은 과거의 전통적인 설문조사에 비해 보다 다양한 측면의 객관적인 의견을 거의 실시간으로 파악할 수 있다는 점에서 수시로 변화하는 소비자들의 니즈에 선제적으로 대응할 수 있다는 장점을 갖는다(김승우, 2013). 오피니언 마이닝은 기본적으로 문서가 긍정, 부정 또는 중립 중 어떤 견해를 갖고 있는지 판별하는 일련의 과정이라 볼 수 있다. 그러나 현재까지는 한국어 감성정보 도출을 위한 분석 프로그램이 존재하지 않는다. 따라서 다양한 통계적 분석으로의 접근을 통해 원하는 정보를 도출해야 한다. 본 연구에서도 다양한 통계기법을 적용하고 분석 프로그램의 한계점을 보완하는 방향으로 분석을 진행한다. 단계별 감성분석의 방법은 다음과 같다.

[표 3-8] 오피니언 마이닝 단계별 분석 방법

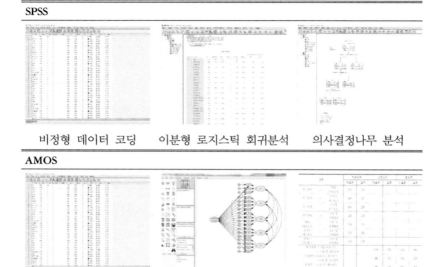

SPSS		
비정형 데이터 코딩	이분형 로지스틱 회귀분석	의사결정나무 분석

AMOS		
SPSS 데이터 AMOS 인풋	구조 경로분석	구조 경로분석 해석

① 이분형 로지스틱 분석(binary logistic analysis)

본 연구에서는 오피니언 마이닝 분석에 앞서 보유한 데이터와 연구 목적에 따라 적합한 분석방법을 결정하였다. 우선 데이터에서 사용한 변수가 무엇인지를 확인하고, 사용할 각각의 변수에서 그 유형을 파악한 후 이들 변수들 간의 관계를 파악해야 한다. 각 독립변수와 종속변수를 구분하여 아래의 그림을 이용하여 분석 방법을 찾을 수 있다[10].

---

10) 이일현, 2014, EasyFlow 회귀분석, 한나래, 22쪽

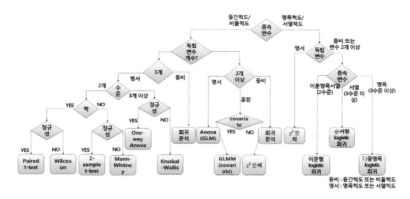

(출처 : 이일현, 2014, EasyFlow 회귀분석, 한나래, 22쪽)

[그림 3-10] 통계분석 기법 흐름도

본 연구의 종속변수는 긍정 또는 부정을 나타내는 감정(긍정 1, 부정 0)으로 이분명목서열척도이며 이와 같이 범주가 2개인 범주형 변수를 이분형 변수라고 한다. 그러므로 위 그림 첫 번째 분기에서 '종속변수'인 감정 종류는 범주형 변수이고 명목서열척도이기 때문에 오른쪽으로 분기한다. 두 번째 분기인 '독립변수'에서는 변수가 2개 이상이므로 오른쪽으로 분기된다. 세 번째 분기에서 '종속변수'인 감정의 종류는 이분명목서열 변수이므로 왼쪽으로 분기하며 결과적으로 '이분형 로지스틱 분석'을 본 분석 단계에서 적용한다.

로지스틱 분석(Logistic Regression Analysis)은 종속변수가 범주형인 경우에 종속변수와 하나 이상의 독립변수들 사이의 함수관계를 설명하는 통계적 분석방법이다. 위와 같이 종속변수가 범주형일 때는 다음 식과 같은 일반적인 회귀모형을 적용할 수 없으므로 로지스틱 회귀분석을 통해 분석해야 한다[11].

$$Y_i = \alpha + \beta_1 X_{1i} + \beta_2 X_{2i} + \cdots + \beta_k X_{ki} \qquad \text{(식3-2)}$$

일반적인 회귀모형의 경우 종속변수의 척도가 모두 등간척도나 비율척도로 측정된 변수임을 전제로 하기 때문에 독립변수 값에 따라 종속변수의 값이 ∞에서 ∞까지의 예측 값을 가질 수 있다. 그러나 본 연구에서와 같이 종속변수가 0과 1이라는 제한된 값만 갖게 된다면 비연속적이며 제한적인 종속변수 값으로 인하여 위와 같은 일반적인 회귀모형을 적용할 수가 없게 된다. 이를 해결하기 위하여 종속변수가 특정한 값, 예를 들어 1을 가질 확률 (p(y=1))을 종속변수로 한다. 이를 통해 종속변수의 비연속성을 해소할 수 있으나 그 값이 확률의 범위인 0과 1사이의 값을 벗어나지 못하기 때문에 여전히 종속변수 값이 ∞에서 ∞까지가 아닌 범위 제한이 있기에 회귀분석의 종속변수로는 아직 충분하지 못함을 알 수 있다[12].

② 의사결정나무 분석(Decision tree analysis)

광장시장의 유형별 감정요인을 설명하기 위한 가장 효율적인 예측 모형을 구축하기 위해 특별한 통계적 가정이 필요하지 않은 오피니언 마이닝의 의사결정나무 분석방법을 사용하였다. 오피니언 마이닝의 의사결정나무 분석은 방대한 자료 속에서 종속변인을 가장 잘 설명하는 예측모형을 자동 산출해 줌으로써 각기 다른 원인을 가진 광장시장의 유형별 감정요인을 쉽게 파악할 수 있다.

의사결정나무 분석은 데이터마이닝 기법 중의 하나로 의사결정 규

---

11) 데이타솔루션 컨설팅팀, 2007, SPSS Statistics 회귀분석, 데이터솔루션, 57쪽.
12) 이훈영, 2010, 연구조사방법론, 청람, 686쪽

칙을 나무구조로 도표화함으로써 관심대상이 되는 집단을 몇 개의 소 집단으로 효과적으로 분류하거나 예측하는 기법이다. 분석결과에 대한 규칙을 전문가가 아니라도 쉽게 설명할 수 있으며 비모수적인 모형으로 정규성이나 선형성, 등분산성의 가정을 요구하지 않다. 또한 의사결 정나무 분석은 두 개 이상의 변수가 결합하여 목표변수에 어떻게 영향 을 주는지를 찾아내는 알고리즘으로 나무구조로부터 어떤 입력변수가 목표변수를 설명하는데 더 중요한지를 쉽게 파악 가능하다.

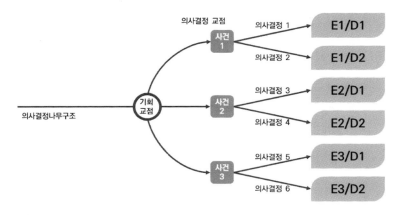

[그림 3-11] 의사결정나무 분석의 예

　의사결정나무는 분류 또는 예측을 목적으로 하는 어떤 경우에도 사 용될 수 있으나 분석의 정확도보다는 분석과정의 설명이 필요한 경우 에 더 유용하게 사용된다. 의사결정나무 분석이 활용될 수 있는 응용 분야는 다음과 같다.(최종후, 1999)

[표 3-9] 의사결정나무 분석의 응용분야

구분	내용
세분화	관측개체를 비슷한 특성을 갖는 몇 개의 그룹으로 분할하여 각 그룹별 특성을 발견하고자 하는 경우
분류	여러 예측변수(predicated variable)에 근거하여 목표변수(target variable)의 범주를 몇 개의 등급으로 분류하고자 하는 경우
예측	자료로부터 규칙을 찾아내고 이를 이용하여 미래의 사건을 예측하고자 하는 경우
차원축소 및 변수선택	매우 많은 수의 예측변수 중에서 목표변수에 큰 영향을 미치는 변수들을 골라내고자 하는 경우
교호작용효과의 파악	여러 개의 예측변수들이 결합하여 목표변수에 작용하는 교호작용을 파악하고자 하는 경우
범주의 병합 또는 연속형 변수의 이산화	범주형 목표변수의 범주를 소수의 몇 개로 병합하거나, 연속형 목표변수를 몇 개의 등급으로 범주화 하고자 하는 경우

출처 : 최종후, 1999, "데이터마이닝 의사결정나무의 응용", 통계분석연구, 제4권 제
1호, 통계청, 62쪽

또한 일반적으로 의사결정나무 분석은 다음과 같은 단계를 거친다
(Berry and Linoff:1997; 강현철:1999).

[표 3-10] 의사결정나무 분석의 단계

구분	내용
의사결정나무의 형성	분석의 목적과 자료구조에 따라서 적절한 분리 기준(split criterion)과 정지규칙(stopping rule)을 지정하여 의사결정나무를 얻는다.
가지치기	분류오류(classification error)를 크게 할 위험(risk)이 높거나 부적절한 규칙을 가지고 있는 가지(branch)를 제거한다.
타당성 평가	이익도표(gains chart)나 위험도표(risk chart) 또는 검정용 자료(test data)에 의한 교차타당성(cross validation) 등을 이용하여 의사결정나무를 평가한다.
해석 및 예측	의사결정나무를 해석하고 분류 및 예측모형을 설정한다.

출처 : 최종후, 1999, "데이터마이닝 의사결정나무의 응용", 통계분석연구, 제4권 제1호, 통계청, 63쪽

이상과 같은 과정에서 정지기준, 분리기준, 평가기준 등을 어떻게 지정하느냐에 따라서 서로 다른 의사결정나무가 형성된다.

③ 구조 경로모형 분석(Node analysis)

경로분석은 기본적으로 일단의 변수들간의 선형관계(linear relationship)를 분해하고 이를 해석하는 방법이라 할 수 있다. 회귀분석에서 하나의 그룹으로 다루어지던 독립변수들 및 종속변수 간에 인과적 관계가 설정되고, 설정된 인과적 가설을 검증함으로써 여러 변수들간의 인과관계를 특정화하여 논리적으로 설명하는 방법이다(김두섭, 1994; Bohnstedt & Knoke, 1994). 일반적인 회귀분석으로는 다양한 독립변수들이 하나의 종속변수에 미치는 직접적인 효과만 검증할 수 있음에 따라 독립변수가 어떤 매개변수를 통해 유발하는 간접적인 효과는 분석되지 않는 한계가 있다. 구조 경로분석은 이러한 한계를 극복하기

위해 회귀분석과 마찬가지로 변수들의 인과관계를 분석하면서도 매개변수를 모형에 포함시켜, 간접적인 효과의 분석이 가능하도록 한 분석이다.

구조 경로모형 분석의 장점으로는 다중 및 상호종속관계를 동시에 추정이 가능하다는 것이다.

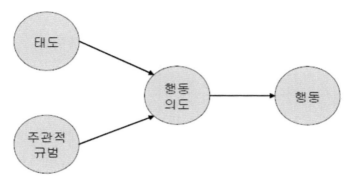

[그림 3-12] 합리적 행동이론 모델(예시)

위 그림을 예시로 설명하면, 행동 의도는 주관적 규범이나 태도와의 관계에서는 종속변수가 되지만, 행동에 대해서는 독립변수가 되는 상호종속관계를 가지고 있다. 회귀 분석을 하는 경우에는 두 번에 걸쳐 분석해야 하지만 이 경우의 회귀분석은 단일지표에 의해 분석이 이루어지나, 구조방정식모델은 다중지표를 이용할 수 있고, 지표의 측정오차를 반영할 수도 있다. 또한 이들 관계에 잠재변수(추상적 개념)를 포함할 수 있으며, 측정오차를 추정할 수 있다. 경로 분석의 경우는 관측변수만 가진 모델의 평가도 가능하다. 다른 장점으로는 모델에 포함된 잠재변수의 직접효과와 간접효과(두 변수들 간의 효과가 다른 변수에 의해 매개되는 것)의 크기를 파악할 수 있다.

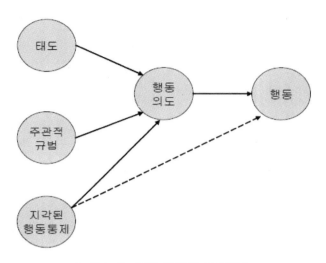

[그림 3-13] 계획적 행동이론 모델(예시)

　　확인적 요인분석의 경우 특정 개념을 표현(측정)하기 위한 척도의 신뢰도 및 타당도를 평가할 수 있을 뿐 아니라 측정모델의 적합도를 평가할 수도 있다. 또한 인과관계 추론 시 복잡한 관계를 처리할 수 있고, 기존의 방법론에 비해 보다 더 정확하고 유연하게 처리할 수 있는 장점이 있다.

IV

도시 공간 변화와 전통시장 인식변화의 영향 관계

서두에서 전통시장을 활성화시키려는 정책과 시장 자체가 가지고 있는 활성화 요인을 찾는 연구들을 살펴보았다. 그러나 이러한 정책적 노력과 다양한 활성화 연구에도 불구하고 전통시장의 침체가 계속되고 있는 점을 고려하였다. 그동안의 연구들에 의하면 전통시장 방문의도에 영향을 미치는 요인을 분석한 결과, 전통시장 주변에 문화공간을 갖춘 전통시장의 경우 활성화 영향력이 높게 나타났다(서구원, 2011). 따라서 본 장에서는 전통시장 자체의 변화가 아닌 주변 지역의 도시공간 변화가 소비자가 생각하는 전통시장의 인식에 어떠한 영향을 미치는지를 텍스트 마이닝 기법을 적용하여 살펴보고자 한다.

1. 대상지의 소개

1) 동대문시장의 발전 역사

조선시대 동대문 시장은 현재의 종로 6가부터 동대문에 이르는 지역까지 해당하는 규모로 경기도 북부지역에서 생산된 야채와 그 외 농산물을 거래하였던 장소였다. 1896년 한성부의 주도로 시작된 서울의 도시정비화 과정에서 종로 상인들이 유입되면서 상설시장의 기능을 갖춘 장터가 형성되었다고 한다(전우용, 1998). 그 이후 1905년 포목점으로 거부가 된 종로상인 출신인 두산그룹의 창업자 박승직과 그의 동료 상인 20여명이 함께 광장주식회사라는 회사를 세운 것이 현재의 동대문시장의 전신이라 할 수 있다.

당시 시장 건물은 현재의 종로 5가의 청계천양쪽에 행랑을 짓고 두 건물 사이에 또 한 줄의 상가를 세웠으며 사방에 4개의 문을 냈다. 산 뜻하게 신축된 시장에는 짚신 대신에 고무신, 양동이, 빨래비누, 처마 분 등의 생활용품과 옥양목 등의 생산품을 팔았다. 일제 말의 가혹한 공출과 6.25의 전화 속에서도 동대문시장은 끈긴 생명력을 유지했다. 잿더미에 돌아온 상인들은 천막을 치고 헌옷가지와 가재도구 등을 맞 바꾸는 물물교환으로 상거래를 재개했고, 이어서 구호물자나 미군부대 에서 유출된 외래품, 밀수품거래로 활기를 찾았다. 6.25전쟁 이후 피난 민들은 청계천변에 공장 및 점포 겸용의 무허가 판잣집을 짓고 생산과 판매를 겸했다. 청계천에 접해 있는 지하는 공장으로 쓰였고 여기서 만든 옷을 지면에 접해 있는 매장에 내다 팔았는데, 이렇게 원두막과 흡사한 무허가 상점이 청계천변에 즐비하게 들어서 일대 빈민굴을 이 루고 있었다. 이때는 대부분 피난민들이 시장의 주도권을 행사했지만 1958년 대형 화재로 실향민들의 삶의 터전이었던 판잣집이 거의 불타 버렸으며 1959년에는 남은 오두막들도 모두 철거되고 청계천은 복개 되었다(허우영, 2006).

1960년대는 동대문시장의 전성시대로 국내 직물, 섬유, 청과채소류 의 시세를 좌우했고, 1만여 점포에 하루 20만 명의 고객이 몰려들었다. 이후 동대문 일대에는 원단·침구류 등을 취급하는 동대문 종합시장, 의류완제품을 판매하는 광장시장·평화시장 등 14개시장에 1만2,450 개의 상점이 들어서 아직도 전국의 포목·양복감·화섬 상품 등 거래 의 절반을 차지하고 있다(김성우, 1999).

1990년대 이후 소매를 겸한 밀리오레와 두타 등의 대형쇼핑몰이 출현하면서 동대문 시장은 전통적인 도매시장과 소매 쇼핑몰 기능으로 이원화 되었고, 2000년대 이후에 생긴 APM, 디오트, 유어스 등이 동대문 도매시장의 다양성과 경쟁력을 강화시키고 있다. 예전의 동대문 운동장을 중심으로 동편제의 도매 상가의 특성을 나타내고 있으며 상가별로 취급 품목의 종류는 약간 다르지만 남성복, 여성복, 잡화, 액세사리. 특수복 등 모든 품목을 다루고 있다(최석윤, 2001). 현재 동대문 시장은 한국전역 뿐 아니라 아시아에서도 선도적인 도소매 의류시장으로 자리 잡았다.

[그림 4-1] 1896년 동대문시장의 형성

[그림 4-2] 1960년대 동대문시장

[그림 4-3] 1970년대 동대문시장

[그림 4-4] 현재 동대문시장

2) 동대문시장의 입지 및 공간 구성

현재 동대문시장은 쇼핑관광을 통한 외국관광객 유치를 목적으로 관광특구로 지정, 2002년부터 특별히 정부의 지원을 받고 있으며 동대문 시장 일대를 '동대문 패션타운 관광특구'라 명명하였다. 전통 재래 시장과 현대식 쇼핑몰의 개념이 자연스럽게 섞여있는 독특한 형태의 시장으로 한국 정부에서는 세계최대규모 패션관련 산업단지로 자부하고 있으며 3만 3천여 개의 점포들이 산업적인 연계를 이루고 있어 패션에 관련해서는 원스톱 시스템이 형성되어 있다. 기획부터 생산, 판매까지 첨단의류와 고품질 장신구를 가리지 않고 전국적으로 유통되는 의류시장과 전 세계 여러 나라를 상대로 저렴하면서 고품질의 제품을 공급하고 있다.

동대문시장은 지하철과 버스노선의 다양성으로 지리적 접근성이 좋으며 '동대문 패션 페스티벌'을 비롯해 주기적으로 여러 가지 행사가 개최되고 있어 외국 관광객이 즐겨 방문하는 명소가 되었다. 그리고 서울특별시에서도 동대문관광특구를 세계적 패션타운으로 키우기 위해 외국인 관광안내소와 환전소 등을 설치하여 외국인관광객들의 불편을 최소화하는 등 각종 운영지원을 아끼지 않고 있다. 나아가 서울특별시에서는 동대문시장 상권 활성화를 위해 오랜 역사를 가지고 있던 동대문 운동장 야구장과 축구장을 2008년에 철거하고 그 자리에 종합운동장 규모에 버금가는 지하 1층, 지상 2층의 동대문 디자인 플라자 (DDP)를 건립하여 새로운 쇼핑과 문화 그리고 휴식공간을 창조하였다. 이로 인해 동대문시장 일대에 다양한 관광인프라가 구축되었고 외국인 관광객의 유입도 증가하고 있다(김지혜, 2011).

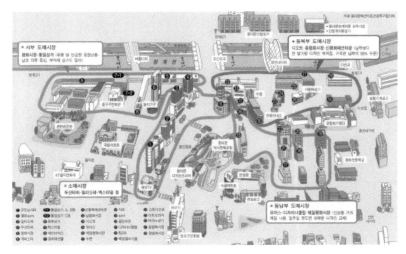

[그림 4-5] 동대문시장 배치도

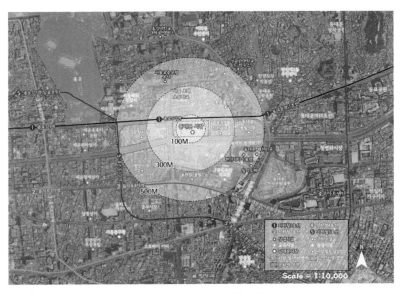

[그림 4-6] 동대문시장 주변 현황도

2. 분석의 개요 및 데이터 수집

1) **분석의 개요**

동대문시장 외부 도시공간 변화에 대한 인식을 살펴보기 위해 빅데이터를 활용한 텍스트 마이닝 기법을 적용한다. '동대문시장'이라는 키워드로 WEB이나 SNS에 남긴 텍스트 자료로부터 구조화된 형태의 정보를 추출하여 패턴과 의미를 시각적으로 나타내고 의미 체계를 파악하고자 함이 본 연구 분석의 목적이다. 이를 위해 웹과 SNS에 작성된 텍스트를 수집-정제-분석-시각화의 과정을 통해 유용한 정보를 도출하고자 한다. 분석에는 Ucinet 6.0을 활용하여 텍스트의 네트워크 중심성과 구조적 등위성(CONCOR : CONvergence of iterated CORrelations) 분석[13]을 진행한다. Ucinet 6.0과 함께 패키지화된 NetDraw1.0를 활용하여 분석결과를 시각화함으로써 텍스트의 관계를 구체적으로 제시하고자 한다. 이를 위하여 본 연구는 소비자들이 바라보는 동대문시장의 인식 변화를 알아보기 위하여 국내 동대문시장 관련 정보를 제공하는 웹사이트의 빅데이터를 활용하였다. 국내 최대의 포털사이트인 '네이버(NAVER)'와 '다음(Daum)'의 웹사이트, 블로그, 뉴스, 카페, 지식인, 이미지, 동영상 등의 데이터와 SNS로 대표되는 페이스북(Facebook),

---

13) CONCOR 분석은 단어 간의 동시출현 매트릭스의 피어슨 상관관계를 분석하고 이를 토대로 노드들의 블록을 식별해내고 블록들 간의 관계를 파악하는 방법으로, 주로 복잡한 네트워크 집단의 숨겨진 하위집단들 관계의 구조적 분석에 활용한다.

트위터(Twitter)를 대상으로 수집된 빅데이터를 분석대상으로 하였으며, 데이터 검색을 위한 키워드는 '동대문시장'으로 설정하였다.

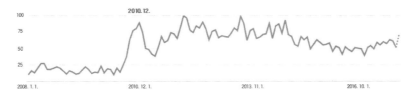

(※ 기간내 최고지수를 100으로 하여 지정된 구간의 검색어 트렌드를 상대지수로 분석함)

[그림 4-7] 동대문시장 구글 검색어 트렌드 상대지수

[그림 4-8] 동대문시장의 주요 이슈 및 사건

본 분석에서는 구글(Google)의 '동대문시장' 키워드 검색량이 집중적으로 증가하고[14], 동대문디자인플라자(DDP) 건설을 통해 주변 공간이 큰 변화가 시작된 2014년을 기준으로 그 전후의 소비자 인식에 대한 비교분석을 위해 분석기간을 두 가지로 설정하였다. 하나는 2011년~2013년, 다른 하나는 2014년~2016년 데이터를 연구대상 기간으로 설

---

14) 최근 8년간의 검색어 트렌드(Google) 분석 및 이슈 분석 결과, '동대문운동장' 철거 이후 계속해서 높은 검색어 추이를 보여주고 있다.

정하였다. 2011년 1월 1일부터 2013년 12월 31일까지(1095일) 위에서 언급한 채널들을 대상으로 소셜 빅데이터인 텍스트 기반의 웹문서(버즈)를 수집하였으며, 크롤링 프로그램을 사용한 결과 동대문시장과 관련된 버즈는 총 9,193개가 수집되었다. 이를 채널별로 살펴보면 동대문시장과 관련된 버즈는 네이버에서 4,740개(토픽 86,219개), 다음에서 2,927개(토픽 864,356개), 구글에서 1,404개(토픽 1,294,460개), 페이스북에서 85개, 트위터에서 37개가 수집되었다. 또한 2014년 1월 1일부터 2016년 12월 31일까지(1095일) 동일한 채널과 수집 방법으로 진행한 결과 동대문시장과 관련된 버즈는 총 10,800개가 수집되었다. 이를 채널별로 살펴보면 동대문시장과 관련된 버즈는 네이버에서 4,770개(토픽 238,107개), 다음에서 4,309개(토픽 928,730개), 구글에서 1,599개(토픽 2,238,236개), 페이스북에서 85개, 트위터에서 37개가 수집되었다.

[표 4-1] 동대문 시장 데이터 수집 결과

구분	2011년~2013년	2014년~2016년
총 버즈	9,193	10,800
네이버(NAVER)	4,740 (토픽 86,219)	4,770 (토픽 238,107)
다음(Daum)	2,927 (토픽 864,356)	4,309 (토픽 928,730)
구글(Google)	1,404 (토픽 1,294,460)	1,599 (토픽 2,238,236)
페이스북(Facebook)	85	85
트위터(Twitter)	37	37

[표 4-2] 텍스트 마이닝 데이터 대상 및 범위

구분	내용
분석 키워드	동대문시장
분석 방법	텍스트 마이닝(Text-Mining)
분석 목적	전통시장 주변 대단위 공간변화가 미치는 영향 도출을 위한 텍스트 마이닝 → 전통시장 자체의 변화가 아닌 외부변화에 대한 영향 파악
데이터 범위	- 네이버 (웹, 블로그, 뉴스, 카페, 지식인, 이미지, 동영상) - 다음 (웹, 블로그, 뉴스, 카페, 지식인, 이미지, 동영상) - 구글 (웹, 뉴스, 이미지, 동영상) - 페이스북, 트위터
데이터 수집 기간	2011년~2013년, 2014년~2016년
데이터 수집 방법	텍스톰(TEXTOM : Text to Matrix)
데이터 정제 방법	부사(이제, now 등), 불용어(있, 간, 동등), 동의어(전통시장, 시장 등) 삭제 및 병합
데이터 분석 방법	UCINET 6.0 / NetDraw 1.0

2) 텍스트 데이터 수집 및 분석 방법

WEB과 SNS상의 텍스트 데이터를 활용하여 해당 전통시장의 인식 변화를 분석하기 위해서는 자료의 수집과 수집된 자료의 분석 과정을 거쳐야 한다. 본 연구에서는 자료의 수집 및 분석을 위하여 소셜 매트 릭스 프로그램인 텍스톰(TEXTOM: Text to Metrix)[15]을 활용하였다. 텍스톰은 포털 검색 사이트 네이버와 다음, 구글, 트위터, 유투브 등의 자료를 검색하여 데이터 및 연관 키워드 순위를 제공하고 검색 키워드

---

15) TEXTOM은 ㈜더아이엠씨(http://textom.co.kr)에서 제공하는 소셜 메트릭스(social metrics) 프로그램이다. 텍스톰은 포털검색사이트 네이버와 다음, 구글, 트위터, 유튜브 등의 자료를 검색하여 데이터 및 연관 키워드 순위를 제공하고 검색 키워드의 공출현 빈도에 따른 매 트릭스 정보를 제공하고 있어 네트워크분석 시 유용한 소프트웨어이다.

의 공출현 빈도에 따른 매트릭스 정보를 제공하고 있어 네트워크분석 시 유용한 소프트웨어이다(김보경, 2015). 아울러 연관성과 정확도에 따라 추출된 데이터를 수집하고 다양한 주제에 대한 오피니언 분석 (opinion analysis)이 가능하여 텍스트 마이닝을 가능하게 해주는 한국어 최적화 빅데이터 분석 솔루션이다.

텍스톰을 활용해 전통시장 관련 데이터를 수집했다면 수집된 전통시장과 관련한 단어의 사용빈도와 단어 간 연결망을 보기 위해 네트워크 분석과 시각화를 실시하고자 한다. 이에 본 연구에서는 UCINET프로그램16)의 넷드로(NetDraw)기능을 활용하였다. 이러한 수집과 분석의 네트워크 분석 과정을 통해 동대문시장과 관련한 단어의 사용빈도와 단어 간 연결망을 보고자 한다. 이에 위에서 설명한 분석도구를 바탕으로 SNS에서 전통시장 단어를 포함한 자료를 수집, 데이터 정제과정을 통해 도출해낸 핵심어를 바탕으로 행과 열이 동일한 대칭형 1-mode 매트릭스 데이터를 통해 전통시장과 관련한 핵심 키워드를 도출하고, 핵심어들 간의 관계성을 파악한 후, 결과적으로 동대문시장의 인식 변화를 고찰하고자 한다. 네트워크 분석에서는 분석하고자 하는 데이터를 행렬로 표현한다. 행과 열이 만나는 셀에 값(개체와 개체간의 관계가 존재하면 1, 존재하지 않으면 0)을 입력하여 행과 열사이의 관계를 나타낸다. 여기서 행과 열에 같은 개체가 배열되는 것은 1원(1Mode)자료라 하며, 서로 다른 개체가 배열되는 경우를 2원(2 Mode)자료라 한다.

---

16) Freeman이 개발한 다양한 연결망 분석기법을 활용할 수 있는 종합적인 프로그램으로 네트워크분석에서 주로 사용하고 있으며, 무료로 이용 가능하여 많은 연구자들이 사용하고 있다. 또한 Netdraw 기능이 포함되어 있어 결과 분석뿐만 아니라 시각화 도구까지 포함하고 유용한 도구이다. 관련 프로그램은 다음의 홈페이지에서 다운로드가 가능하다.

분석 준비	빅데이터 분석	해석 및 비교
키워드 네트워크 분석	**Text Mining**	**활성화 영향력 분석**
✓ **데이터 수집** • 프로그램 : Textom • 수집기간 : 2014-2016년(3년) • 수집대상 : 구글, 네이버, 다음, 페이스북, 트위터 • 언어 : 명사, 형용사	✓ **키워드 네트워크 분석** • 프로그램 : Textom • 상위 200 주요 키워드 및 연관어 도출	✓ **키워드 네트워크 해석** • 도출된 키워드 순위 및 빈도에 따라 핵심 연관 키워드의 변화 파악
✓ **정세 및 코딩** • 프로그램 : Textom • 불용어, 유사어 등의 언어 표준화를 통해 비정형데이터를 정형데이터로 변환 • Node(단어)들을 0과 1의 값으로 표준화	✓ **키워드 중심성 분석** • 프로그램 : Ucinet 6.0 • Martix data를 통한 키워드간 상권분석	✓ **키워드 중심성 해석** • 연결·위세·근접·매개 중심성 을 통해 변화된 직·간접 영향인자 도출
	✓ **키워드 CONCOR 분석** • 프로그램 : Ucinet 6.0 • 키워드간의 구조적 등위성을 식별하여 분할	✓ **키워드 CONCOR 해석** • 클러스터의 범위 및 종류 파악 • 도출된 클러스터를 시각적으로 표현
1단계 분석 데이터 수집 및 Node 값의 표준화를 통한 정형데이터 구축	**2단계 분석** 마이닝기법을 통한 빅데이터 분석	**3단계 해석** 외부 공간변화 영향 도출

[그림 4-9] 텍스트 마이닝 분석의 틀

3. 도시 공간 변화에 따른
   소비자 인식변화 분석

　본 절에서는 동대문 시장 주변 도시공간의 변화에 따른 소비자 인식
변화를 파악하기 위해 텍스트 마이닝 기법을 적용한다. 해당 분석 방
법 중 키워드 네트워크 분석에는 '동대문시장'의 키워드를 사용하여
2011년~2013년, 2014년~2016년의 데이터 중, 상위 100개의 키워드
를 대상으로 네트워크 분석을 하였다. 네트워크 분석에서 활용된 상위
키워드들은 사람들이 웹과 SNS에서 동대문시장 키워드 함께 자주 사
용한 키워드의 빈도를 바탕으로 도출됨에 따라 이는 그만큼 동대문시
장과 관계성이 높은 키워드로 해석할 수 있다.

　그 다음으로 진행되는 주요 키워드 중심성 분석의 경우, 상위 50개
의 주요 키워드를 도출하여 네 가지 측면에서 중심성(Centrality)을 분
석하였으며, 각각 연결 중심성(degree centrality), 근접중심성(closeness
centrality), 매개중심성(betweenness centrality), 위세중심성(prestige
centrality)으로 분석하였다.

　마지막으로 도출된 연관 키워드 중, 유사한 키워드 간의 군집형성과
데이터의 시각화를 위한 CONCOR 분석을 실행한다. CONCOR는
CONvergent CORrelation을 줄여 만든 말로서, 상관관계가 수렴할 때
까지 반복 실행하여 유사성 집단을 찾아내는 방법이다. 즉 복잡하게
얽힌 네트워크에서 블록을 찾아 주는 대표적인 방법이며 본 연구에서

는 의미망 분석결과를 바탕으로 상위 100개의 키워드를 적용하여 CONCOR 분석을 실시하였다.

1) 공간변화에 대한 소비자 인식변화 분석 결과

① 2011년~2013년 동대문시장의 소비자 인식

▶ 키워드 네트워크 분석

분석기간을 2011년~2013년으로 설정하여 텍스트 마이닝 한 결과, 10,534개의 연관 키워드가 검색되었다. 서울(2,041), 동대문구(602), 방문(557), 원단(507), 옷(392) 등이 높은 빈도순위를 보여주고 있다. 이 중 분석에 사용된 상위 100개 키워드를 통해 해석하면, 이 시기에 소비자가 인식하는 동대문시장은 원단(507), 옷(392), 쇼핑(371), 쇼핑몰(327), 원단시장(145) 등이 상위에 자리 잡고 있는 것으로 보았을 때 '의류'와 관련하여 시장을 인식하고 있는 것을 확인할 수 있다. '의류' 다음으로 동대문시장을 인식하고 있는 연관어는 평화시장(325), 광장시장(308), 청계천(294), 동대문쇼핑타운(99) 등 동대문시장 '주변지역'에 대해서도 높은 인식을 보이고 있다. 또한 이 시기에는 대통령(207), 유덕열(193), 박원순(163) 등의 인물 키워드가 50위권 안에 포함되어 있다. 이는 2011년 시장보궐선거와 대통령의 민생탐방 등의 이슈로 인해 '정치'관련 키워드가 도출된 것으로 볼 수 있다.

[표 4-3] 2011년~2013년 동대문시장 연관 키워드

No	단어	No	단어	No	단어	No	단어
1	서울(2041)	26	일(249)	51	밀리오레(158)	76	상권(118)
2	동대문구(602)	27	남대문시장(247)	52	운영(158)	77	사랑(118)
3	방문(557)	28	밤(241)	53	처음(155)	78	동대문역(115)
4	원단(507)	29	질문(237)	54	디자이너(154)	79	대표(115)
5	옷(479)	30	추천(236)	55	판매(154)	80	종로(114)
6	전통시장(442)	31	구경(233)	56	풍물시장(152)	81	지역(114)
7	남대문(413)	32	가격(226)	57	동대문구청장(151)	82	관광객(113)
8	도매시장(403)	33	중구(221)	58	원단시장(145)	83	악세사리(113)
9	상가(403)	34	대통령(207)	59	부탁(145)	84	투어(110)
10	새벽시장(382)	35	위치(206)	60	시민(144)	85	서울시장(110)
11	패션(375)	36	경동시장(198)	61	준비(143)	86	제품(109)
12	쇼핑(371)	37	세계(195)	62	물건(138)	87	외국인(109)
13	새벽(368)	38	사진(194)	63	매장(137)	88	소개(109)
14	상인(357)	39	시간(194)	64	추석(137)	89	지하철(108)
15	제시카알바(347)	40	유덕열(193)	65	재래시장(134)	90	품목(105)
16	쇼핑몰(327)	41	도매(192)	66	디자인(133)	91	종로구(104)
17	평화시장(325)	42	의류(191)	67	재료(129)	92	가방(103)
18	친구(310)	43	DDP(179)	68	두타(128)	93	분류(100)
19	광장시장(308)	44	명동(176)	69	모습(127)	94	동대문쇼핑타운(99)
20	구매(298)	45	부자재(173)	70	버스(125)	95	계획(98)
21	청계천(294)	46	인터넷(166)	71	토요일(124)	96	주말(98)
22	사람(288)	47	나들이(165)	72	중국(121)	97	휴가(96)
23	한국(286)	48	여행(164)	73	시장조사(119)	98	빈대떡(96)
24	맛집(267)	49	박원순(163)	74	짝퉁(119)	99	건물(96)
25	옥션(266)	50	신당동(162)	75	브랜드(119)	100	클라라(95)

▶ 키워드 중심성 분석

2011년~2013년 동대문시장에 대한 주요 키워드 연결중심성을 확인한 결과, 서울, 방문, 동대문구, 전통시장, 도매시장 등 '전통시장'과 관련된 키워드들이 높은 순서로 확인된다. 이후 패션, 상인, 제시카알바, 원단, 옷 등의 키워드들이 높은 순서로 나타났다. 근접중심성의 경우 서울, 상가, 상인, 방문, 사람 등 '상업'과 관련된 키워드가 높게 나타났고, 이후 쇼핑, 구매, 한국, 옷 등의 키워드들이 높은 순서로 나타났다. 매개중심성의 경우 서울, 상가, 방문, 상인, 사람 등 '상업'과 관련된 키워드의 순서로 나타났다. 이후 구매, 옷, 쇼핑, 새벽, 한국 등의 키워드들이 높은 순서로 나타났다. 마지막으로 위세중심성의 경우 서울, 방문, 도매시장, 제시카알바, 패션의 순서로 '상업'과 관련된 키워드가 높게 나타났으며 이후 새벽시장, 새벽, 남대문, 옷, 쇼핑 등의 키워드들이 높은 순서로 확인된다.

네 가지 측면에서 도출된 각각의 키워드 중심성의 의미를 파악하기 위하여 중심성간의 관계를 살펴보았다. 네 가지 중심성 중 동대문시장 키워드와 직접적인 관련성을 나타내는 '연결중심성'과 동대문시장 키워드와 직접적으로 관련이 있지는 않으나 다른 연관 키워드들과 함께 영향력을 발휘하는 키워드로써 간접적인 영향 정도를 파악할 수 있는 '매개중심성'. 이 두 가지의 중심성을 각각 X축과 Y축으로 설정하여 그래프로 표현하였다. 1사분면에 위치한 키워드들이 직·간접적으로 중심성이 높게 나타내는 키워드라 볼 수 있다.

[표 4-4] 2011년~2013년 동대문시장 주요 키워드 빈도와 중심성

구분	빈도		연결중심성		근접중심성		매개중심성		위세중심성	
	빈도	순위	빈도	순위	빈도	순위	빈도	순위	빈도	순위
서울	2041	1	0.035	1	0.98	1	871.982	1	0.382	1
동대문구	602	2	0.01	3	0.796	29	221.033	23	0.085	17
방문	557	3	0.014	2	0.894	4	444.786	3	0.207	2
원단	507	4	0.007	9	0.822	20	239.131	15	0.075	23
옷	479	5	0.007	10	0.882	6	340.058	7	0.119	9
전통시장	422	6	0.008	4	0.784	32	177.669	33	0.067	27
남대문	413	7	0.007	11	0.847	11	238.299	16	0.121	8
도매시장	403	8	0.008	5	0.847	12	225.332	21	0.16	3
상가	403	9	0.007	12	0.917	2	511.653	2	0.108	12
새벽시장	382	10	0.006	15	0.794	30	184.275	31	0.131	6
패션	375	11	0.008	6	0.829	18	229.087	18	0.152	5
쇼핑	371	12	0.007	13	0.877	7	327.357	8	0.114	10
새벽	368	13	0.007	14	0.837	13	299.151	9	0.127	7
상인	357	14	0.008	7	0.899	3	434.179	4	0.113	11
제시카알바	347	15	0.008	8	0.598	172	18.035	165	0.157	4
쇼핑몰	327	16	0.005	18	0.834	14	220.704	24	0.082	19
평화시장	325	17	0.005	19	0.834	15	225.413	20	0.095	14
친구	310	18	0.005	20	0.819	21	244.582	13	0.075	24
광장시장	308	19	0.004	25	0.834	16	221.848	22	0.073	26
구매	298	20	0.004	26	0.852	8	351.137	6	0.057	33
청계천	294	21	0.005	21	0.817	22	237.926	17	0.077	22
사람	288	22	0.004	27	0.887	5	407.845	5	0.059	32
한국	286	23	0.006	16	0.849	9	284.771	10	0.09	15
맛집	267	24	0.003	38	0.683	105	57.857	96	0.063	28
옥션	266	25	0	197	0.54	195	1.473	194	0.001	199
일	249	26	0.003	39	0.829	19	206.357	25	0.056	34
남대문시장	247	27	0.004	28	0.849	10	244.108	14	0.042	43
밤	241	28	0.005	22	0.807	26	199.104	27	0.09	16

질문	237	29	0.002	56	0.764	41	126.035	43	0.034	69
추천	236	30	0.003	40	0.761	42	113.676	51	0.044	40
구경	233	31	0.003	41	0.812	24	251.515	12	0.054	36
가격	226	32	0.003	42	0.817	23	226.503	19	0.04	49
중구	221	33	0.005	23	0.784	33	194.202	28	0.075	25
대통령	207	34	0.006	17	0.626	158	23.683	156	0.101	13
위치	206	35	0.004	29	0.809	25	185.219	30	0.063	29
경동시장	198	36	0.004	30	0.668	118	58.842	94	0.039	53
세계	195	37	0.004	31	0.721	64	89.239	65	0.083	18
사진	194	38	0.004	32	0.779	34	189.984	29	0.061	31
시간	194	39	0.003	43	0.834	17	267.317	11	0.051	39
유덕열	193	40	0.004	33	0.648	141	45.482	115	0.035	66
도매	192	41	0.003	44	0.761	43	117.738	47	0.054	37
의류	191	42	0.005	24	0.807	27	200.622	26	0.08	20
DDP	179	43	0.003	45	0.774	36	159.132	35	0.028	89
명동	176	44	0.003	46	0.716	71	67.209	83	0.037	60
부자재	173	45	0.002	57	0.704	82	73.489	75	0.023	109
인터넷	166	46	0.002	58	0.779	35	116.72	48	0.032	77
나들이	165	47	0.002	59	0.719	69	72.811	76	0.042	44
여행	164	48	0.002	60	0.731	61	85.72	70	0.034	70
박원순	163	49	0.004	34	0.638	151	28.606	143	0.063	30
신당동	162	50	0.003	47	0.666	120	50.354	103	0.052	38

상위권에 있는 키워드들을 살펴보면 서울, 방문, 상인, 동대문구, 도매시장, 패션, 원단, 옷, 상가 등이 있으며 '의류'와 관련된 키워드들이 상위권에 위치하여 있음을 볼 수 있다. 이는 중심성 분석 역시 네트워크 분석 결과와 마찬가지로 이 시기에 동대문시장은 '의류' 관련 인식이 소비자들에게 나타나고 있다.

왼쪽 하단부(3사분면)는 연결중심성과 매개중심성 모두 낮은 중심성을 의미한다. 여기서 도출된 키워드 중에는 아직 개장하지 않은 DDP

도 포함 되어 있는 것을 볼 수 있다. 또한 그래프에서는 표현되지 않았지만 매개중심성은 높았으나 연결중심성이 낮아 나타나지 못한 키워드들이 있는데 재래시장, 종로, 예정 등의 키워드가 도출되었다. 이에 대한 해석은 직접적인 영향력은 낮으나 간접적인 영향은 높은 키워드로 해석이 가능한데 동대문시장의 간접적인 영향 키워드로 어떤 의미를 나타내는지 명확한 해석을 하기에는 무리가 있다고 판단된다.

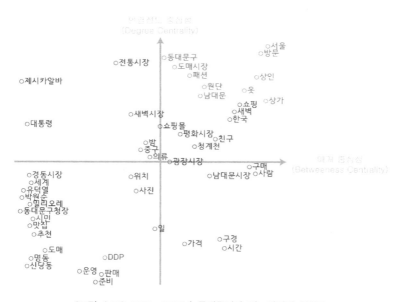

[그림 4-10] 2011~2013년 동대문시장 직·간접적 영향도

▸ 키워드 CONCOR 분석

2011년~2013년의 데이터를 활용하여 키워드 CONCOR 분석 결과, 6개의 클러스터가 도출되었다. 각 클러스터의 구성을 살펴보면, 첫번째, 쇼핑, 패션, 악세사리, 옷, 의류, 쇼핑몰, 동대문쇼핑타운, 가방 등

의 노드가 포함된 클러스터가 가장 큰 규모의 클러스터를 이루고 있으
며 이를 '상품 클러스터'라고 명명하였다. 두 번째, 동대문구, 종로, 종
로구, 두타, 청계천, 동대문역 등의 노드가 포함되어 있는 '장소 클러스
터', 세 번째, 도매시장, 새벽시장, 도매, 원단시장, 부자재, 재료 등의
노드가 포함된 '시장정보 클러스터', 네 번째, 박원순, DDP, 서울시장,
대통령, 유덕열, 동대문구청장 등의 노드가 포함되어 있는 '활성화전략
클러스터', 다섯 번째, 구경, 투어, 나들이, 여행, 관광객 등의 노드가
포함되어 있는 '관광 클러스터', 여섯 번째, 제시카 알바, 짝퉁, 클라라
등이 포함되어 있는 '이슈 클러스터'로 명명하였다.

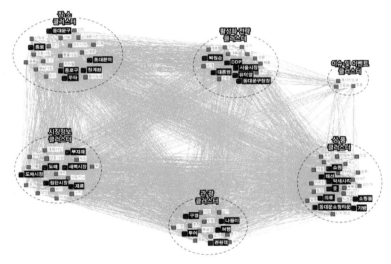

[그림 4-11] 2011~2013년 동대문시장 CONCOR분석

[표 4-5] 2011년~2013년 동대문시장 CONCOR 클러스터

구분		2011년~2013년	노드 수
클러스터	장소	서울(1), 동대문구(2), 한국(23), 경동시장(36), 신당동(50), 광장시장(19), 풍물시장(56), 종로(80), 남대문시장(27), 중구(33), 위치(35), 남대문(7), 평화시장(17), 동대문역(78), 지하철(89), 종로구(91), 청계천(21), 버스(70), 명동(44), 지역(81), 두타(68), 밀리오레(51)	22개
	시장 정보	전통시장(6), 도매시장(8), 새벽(13), 새벽시장(10), 원단시장(58), 매장(63), 시장조사(73), 판매(55), 재래시장(65), 건물(99), 도매(41), 부자재(45), 물건(62), 재료(67), 상인(14), 상가(9), 일(26), 부탁(59), 가격(32)	19개
	관광	방문(3), 친구(18), 사람(21), 추천(30), 구경(31), 나들이(47), 여행(48), 토요일(71), 투어(84), 주말(96), 휴가(97), 중국(72), 관광객(82), 외국인(87), 세계(37), 시민(60)	16개
	상품	쇼핑(11), 밤(28), 추석(64), 빈대떡(98), 패션(11), 맛집(24), 상권(76), 사진(38), 사랑(77), 원단(4), 옷(5), 쇼핑몰(16), 옥션(25), 인터넷(46), 의류(42), 디자이너(54), 분류(93), 디자인(66), 브랜드(75), 악세사리(83), 제품(86), 품목(90), 가방(92), 동대문쇼핑타운(94)	24개
	활성화 전략	구매(20), DDP(43), 박원순(49), 운영(52), 서울시장(85), 대표(79), 대통령(34), 계획(95), 시간(39), 유덕열(40), 동대문구청장(57), 준비(61), 질문(29), 소개(88), 처음(53), 모습(69)	16개
	이슈 및 이벤트	제시카알바(15), 짝퉁(74), 클라라(100)	3개

② 2014년~2016년 동대문시장의 소비자 인식

▶ 키워드 네트워크 분석

2014년~2016년 네트워크 분석 결과, 서울(837), 동대문구(524), 화재(427), 상가(417), 원단(404) 등이 높은 빈도순위를 보여주고 있다.

이 시기에 소비자가 인식하는 동대문시장 역시 2011년~2013년과 마찬가지로 원단(404), 옷(392), 쇼핑(332) 등의 키워드가 높게 나타남에 따라 소비자의 인식이 지속적으로 '의류' 관련하여 인지하고 있는 것을 볼 수 있다.

그러나 이 시기에는 동대문디자인플라자(DDP)가 개장한 후로 DDP의 영향에 따른 키워드 순위의 변화를 확인할 수 있다. DDP(235), 두타(261), 지역(182), 상권(177) 등의 단어가 2011~2013년도 대비 증가한 것을 볼 수 있다. 2011년~2013년 대비 두드러지게 나타나는 이 시기에 변화된 점은 서울여행(105), 코스(102), 분위기(90), 외국인(151), 주말(128), 지하철(106) 등의 키워드가 증가 하였는데 소비자가 인식하는 동대문시장이 기존 '의류' 관련 키워에 집중 되었다면 DDP의 개장으로 인해 그 이후 시기부터는 '의류' 관련 키워드뿐만 아니라 '관광' 관련 키워드들이 높은 순위에 형성되면서 상권 활성화뿐만 아니라 관광 측면에도 많은 영향을 끼쳤다고 볼 수 있다. '관광' 관련 키워드는 이뿐만이 아니다. 글로벌(164), 야시장(159), 면세점(153), 동대문역사문화공원(121), 온라인(88), 호텔(88) 등의 키워드는 이 시기 새롭게 등장한 키워드로서 동대문시장을 바라보는 소비자들은 '의류'와 더불어 '관광' 측면으로도 동대문시장을 인식하고 있는 변화를 확인할 수 있다. 이는 2011년~2013년 쇼핑몰(327→265), 패션(375→254), 도매(192→155) 등의 '의류' 관련 키워드가 줄어들었는데 이러한 키워드 변화의 이유로는 '관광' 관련 키워드의 새로운 등장에 따라 기존 '의류' 관련 키워드들의 빈도가 하락하게 된 것으로 해석할 수 있다.

이 외에 2011년~2013년도에는 짝퉁(119) 키워드가 동대문시장의 연관 키워드로 나타난 반면 2014년~2016년의 경우, 명품시장(101)

[표 4-6] 2014년~2016년 동대문시장 연관 키워드

No	단어	No	단어	No	단어	No	단어
1	서울(2886)	26	대표(261)	51	새벽시장(157)	76	지하철(106)
2	동대문구(837)	27	건물(261)	52	도매(155)	77	서울여행(105)
3	화재(524)	28	패션(259)	53	면세점(153)	78	오픈(102)
4	상가(427)	29	의류(254)	54	추석(153)	79	코스(102)
5	원단(417)	30	종로구(253)	55	외국인(151)	80	명품시장(101)
6	옷(404)	31	DDP(241)	56	사진(150)	81	사이즈(100)
7	남대문(329)	32	청계천(235)	57	관광객(150)	82	제시카알바(100)
8	상인(382)	33	명동(232)	58	나들이(147)	83	세계(99)
9	쇼핑(368)	34	중국(227)	59	오간수교(145)	84	재래시장(95)
10	구매(332)	35	생각(224)	60	물건(143)	85	골목(94)
11	경동시장(330)	36	판매(214)	61	경찰(142)	86	업체(94)
12	점포(321)	37	제품(208)	62	피해(139)	87	주차장(93)
13	중구(318)	38	종로(202)	63	제기동(135)	88	일대(93)
14	전통시장(317)	39	위치(193)	64	브랜드(128)	89	버스(92)
15	평화시장(313)	40	지역(185)	65	주말(128)	90	토요일(91)
16	도매시장(312)	41	상권(182)	66	동대문 구청장(127)	91	상점(90)
17	친구(306)	42	매장(177)	67	시장조사(125)	92	사고(90)
18	사람(301)	43	밤(174)	68	유통(125)	93	분위기(90)
19	한국(291)	44	여행(174)	69	동대문역사 문화공원(121)	94	시민(90)
20	광장시장(285)	45	원단시장(169)	70	동대문역(116)	95	악세사리(89)
21	맛집(284)	46	가격(169)	71	디자인(115)	96	먹거리(89)
22	구경(279)	47	글로벌(164)	72	운영(114)	97	방산시장(88)
23	쇼핑몰(266)	48	야시장(164)	73	재료(112)	98	온라인(88)
24	남대문시장 (265)	49	부자재(159)	74	길(111)	99	호텔(88)
25	두타(262)	50	유덕열(159)	75	영업(107)	100	아이(86)

[표 4-7] 2011년~2013년 대비 2014~2016년 동대문시장 연관 키워드 변화

No	단어	변동	No	단어	변동	No	단어	변동	No	단어	변동
1	서울	-	26	대표	+53	51	새벽시장	-41	76	지하철	+13
2	동대문구	-	27	건물	+72	52	도매	-11	77	서울여행	new
3	화재	new	28	패션	-17	53	면세점	new	78	오픈	new
4	상가	+5	29	의류	+13	54	추석	+10	79	코스	new
5	원단	-1	30	종로구	+61	55	외국인	+32	80	명품시장	new
6	옷	-1	31	DDP	+12	56	사진	-18	81	사이즈	new
7	남대문	-	32	청계천	-11	57	관광객	+25	82	제시카 알바	-67
8	상인	+6	33	명동	+11	58	나들이	-9	83	세계	-46
9	쇼핑	+3	34	중국	+38	59	오간수교	new	84	재래시장	-19
10	구매	+10	35	생각	new	60	물건	+2	85	골목	new
11	경동시장	+25	36	판매	+19	61	경찰	new	86	업체	new
12	점포	new	37	제품	+49	62	피해	new	87	주차장	new
13	중구	+20	38	종로	+42	63	제기동	new	88	일대	new
14	전통시장	-8	39	위치	-4	64	브랜드	+11	89	버스	-19
15	평화시장	+2	40	지역	+41	65	주말	+31	90	토요일	-19
16	도매시장	-8	41	상권	+35	66	동대문 구청장	-9	91	상점	new
17	친구	+1	42	매장	+21	67	시장조사	+6	92	사고	new
18	사람	+4	43	밤	-15	68	유통	new	93	분위기	new
19	한국	+4	44	여행	+4	69	동대문역사 문화공원	new	94	시민	-34
20	광장시장	-1	45	원단 시장	+13	70	동대문역	+8	95	악세사리	-12
21	맛집	+3	46	가격	-14	71	디자인	-5	96	먹거리	new
22	구경	+9	47	글로벌	new	72	운영	-20	97	방산시장	new
23	쇼핑몰	-7	48	야시장	new	73	재료	-6	98	온라인	new
24	남대문 시장	+3	49	부자재	-4	74	길	new	99	호텔	new
25	두타	+43	50	유덕열	-10	75	영업	new	100	아이	new

＋ : 상향, - : 하향, new : 신규

키워드가 도출됨에 따라 동대문시장 상품 이미지에 대한 인식 변화가 나타났음을 확인할 수 있다. 또한 화재(427), 피해(139), 사고(90) 키워드들이 새롭게 도출되었고 이는 2014년 동대문시장에서 큰 화재가 일어난 사건 때문으로 해석할 수 있다.

결국 2014년 동대문디자인플라자(DDP)의 개장으로 주변에 위치한 동대문시장의 연관어를 분석하는 키워드 네트워크 분석을 실행한 결과, 상위 100위권 내의 키워드를 통해 도출할 수 있는 부분은 기존 '의류' 관련 키워드 중심에서 '의류'와 '관광' 키워드로의 변화가 나타났음을 확인할 수 있다.

▶ 키워드 중심성 분석

2014년~2016년 동대문시장에 대한 주요 키워드 연결 중심성을 확인한 결과, 서울, 동대문구, 화재, 상가, 경동시장 등 '전통시장'과 관련된 키워드들이 높은 순서로 확인된다. 이후 점포, 건물, 상인, 두타, 전통시장 등의 키워드들이 높은 순서로 나타났다. 근접중심성의 경우 서울, 상가, 쇼핑, 동대문구, 사람 등 '쇼핑'과 관련된 키워드가 높게 나타났고, 이후 상인, 평화시장, 남대문시장, 옷, 한국 등의 키워드들이 높은 순서로 나타났다. 매개중심성의 경우 서울, 상가, 동대문구, 평화시장, 쇼핑 등 '상업'과 관련된 키워드의 순서로 나타났다. 이후 상인, 중구, 남대문시장, 종로, 사진 등의 키워드들이 높은 순서로 나타났다. 마지막으로 위세중심성의 경우 서울, 화재, 동대문구, 상가, 점포 등 '상업'과 관련된 키워드가 높게 나타났으며, 이후 두타, 중구, 남대문, 도매시장, 평화시장 등의 키워드들이 높은 순서로 확인된다.

이 시기에도 마찬가지로 네 가지 측면에서 도출된 각각의 키워드 중

[표 4-8] 2014～2016년 동대문시장 주요 키워드 빈도와 중심성

구분	빈도		연결중심성		근접중심성		매개중심성		위세중심성	
	빈도	순위	빈도	순위	빈도	순위	빈도	순위	빈도	순위
서울	837	1	0.035	1	0.995	1	919.808	1	0.504	1
동대문구	524	2	0.013	2	0.869	4	382.929	3	0.18	3
화재	427	3	0.009	3	0.658	131	34.811	130	0.182	2
상가	417	4	0.007	4	0.932	2	549.275	2	0.121	4
원단	404	5	0.003	25	0.819	23	246.408	17	0.067	25
옷	392	6	0.004	12	0.842	9	222.03	25	0.076	18
남대문	382	7	0.004	13	0.839	12	234.139	22	0.103	8
상인	368	8	0.005	8	0.857	6	286.929	6	0.1	11
쇼핑	332	9	0.004	14	0.872	3	296.972	5	0.078	16
구매	330	10	0.003	26	0.839	13	246.844	16	0.062	28
경동시장	321	11	0.007	5	0.729	63	117.586	52	0.098	13
점포	318	12	0.007	6	0.754	52	141.017	44	0.116	5
중구	317	13	0.005	9	0.824	21	278.661	7	0.114	7
전통시장	313	14	0.005	10	0.812	28	237.739	21	0.07	21
평화시장	312	15	0.004	15	0.854	7	314.649	4	0.101	10
도매시장	306	16	0.004	16	0.824	22	209.377	27	0.103	9
친구	301	17	0.002	43	0.789	35	165.692	33	0.047	47
사람	291	18	0.003	27	0.862	5	250.582	15	0.062	29
한국	285	19	0.004	17	0.842	10	242.259	19	0.058	37
광장시장	284	20	0.003	28	0.796	31	155.817	38	0.06	34
맛집	279	21	0.003	29	0.764	48	117.086	53	0.066	26
구경	266	22	0.002	44	0.804	29	154.125	39	0.054	39
쇼핑몰	265	23	0.004	18	0.839	14	209.983	26	0.062	30
남대문시장	262	24	0.003	30	0.844	8	276.366	8	0.046	50
두타	261	25	0.005	11	0.804	30	160.694	35	0.115	6
대표	261	26	0.004	19	0.827	19	252.564	14	0.078	17

건물	259	27	0.006	7	0.754	53	122.555	47	0.1	12
패션	254	28	0.004	20	0.814	27	186.928	28	0.092	14
의류	253	29	0.004	21	0.829	17	231.995	24	0.08	15
종로구	241	30	0.004	22	0.796	32	241.039	20	0.07	22
DDP	235	31	0.003	31	0.834	15	233.347	23	0.064	27
청계천	232	32	0.003	32	0.819	24	269.874	12	0.069	23
명동	227	33	0.003	33	0.771	39	113.556	54	0.069	24
중국	224	34	0.003	34	0.779	38	145.088	43	0.061	33
생각	214	35	0.002	45	0.817	25	179.232	29	0.033	63
판매	208	36	0.003	35	0.791	34	152.425	41	0.06	35
제품	202	37	0.003	36	0.789	36	168.781	31	0.051	41
종로	193	38	0.002	46	0.827	20	275.916	9	0.048	44
위치	185	39	0.003	37	0.842	11	272.985	11	0.052	40
지역	182	40	0.003	38	0.834	16	258.332	13	0.06	36
상권	177	41	0.003	39	0.766	45	105.043	58	0.072	20
매장	174	42	0.002	47	0.796	33	147.601	42	0.042	53
밤	174	43	0.002	48	0.829	18	242.538	18	0.048	45
여행	169	44	0.002	49	0.706	83	61.259	94	0.047	48
원단시장	169	45	0.002	50	0.693	92	59.411	96	0.048	46
가격	164	46	0.002	51	0.769	42	119.426	51	0.027	81
글로벌	164	47	0.004	23	0.736	60	99.905	59	0.075	19
야시장	159	48	0.002	52	0.704	85	55.829	102	0.051	42
부자재	159	49	0.002	53	0.691	96	67.523	88	0.033	64
유덕열	157	50	0.003	40	0.656	133	40.628	119	0.028	78

심성의 의미를 파악하기 위하여 중심성간의 관계를 살펴보았다. 네 가지 중심성 중 동대문시장 키워드와 직접적인 관련성을 나타내는 '연결중심성'과 동대문시장 키워드와 직접적으로 관련이 있지는 않으나 다른 연관 키워드들과 함께 영향력을 발휘하는 키워드로써 간접적인 영향 정도를 파악할 수 있는 '매개중심성'. 이 두 가지의 중심성을 각각

X축과 Y축으로 설정하여 그래프로 표현하였다. 1사분면에 위치한 키워드들이 직·간접적으로 중심성이 높게 나타내는 키워드라 볼 수 있다.

상위권에 있는 키워드들을 살펴보면 서울, 동대문구, 상가, 상인, 쇼핑, 전통시장, 남대문, 옷, 두타 등이 있으며 '의류'와 관련된 키워드들이 여전히 상위권에 위치하고 있음을 알 수 있다. 이는 2011년~2013년 중심성 분석 결과와 마찬가지로 이 시기에도 동대문시장은 '의류' 관련 인식이 소비자들에게 나타나고 있다. DDP의 영향력을 보기 위해 DDP 키워드의 변화를 살펴보았다. 그래프의 중간 부분에 DDP 키워드가 위치하고 있음을 볼 수 있는데 이는 2011년~2013년 대비 우상향 하였음을 확인할 수 있다.

연결중심성은 높은 순위에 있지만 매개중심성은 낮은 위치에 있는 키워드로 화재, 경동시장, 피해 등이 있는데 이는 분석기간 동안 단기적으로 키워드의 빈도수가 높아졌기 때문으로 풀이될 수 있다. 또한 그래프에는 표현되지 않았지만 매개중심성은 높았으나 연결중심성이 낮아 나타나지 못한 키워드들이 있는데 사진, 동대문역사문화공원, 관광, 디자인 등의 키워드가 도출되었다. 이에 대한 해석은 직접적인 영향력은 낮으나 간접적인 영향은 높은 키워드로 해석이 가능한데 DDP 개발 이후 간접영향도 측면에서 '관광' 관련 키워드들이 높게 나타남에 따라 향후 동대문시장 활성화에 있어 정책수립 및 지원사업을 주변지역과의 연계성에 초점을 맞춰 고려되어야 하는 것으로 해석할 수 있다.

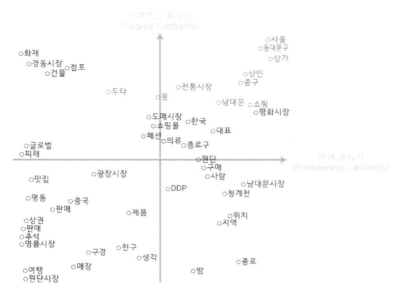

[그림 4-12] 동대문시장 2014~2016년 직·간접적 영향도

▶ 키워드 CONCOR 분석

2014년~2016년의 데이터를 활용하여 키워드 CONCOR 분석 결과, 동일하게 6개의 클러스터가 도출되었다. 각 클러스터의 구성을 살펴보면, 첫 번째, DDP, 동대문역사문화공원, 두타, 서울여행, 오간수교, 나들이 등의 노드가 포함된 클러스터가 가장 큰 규모의 클러스터를 이루고 있으며 이를 '관광 클러스터'라고 명명하였다. 두 번째, 동대문구, 명동, 종로구, 동대문역, 종로 등의 노드가 포함되어 있는 '장소 클러스터', 세 번째, 도매시장, 원단시장, 부자재, 주차장, 영업 등의 노드가 포함되어 있는 '시장정보 클러스터', 네 번째, 의류, 쇼핑, 원단, 패션, 옷, 악세사리 등의 노드가 포함되어있는 '상품 클러스터', 다섯 번째, 분위기, 가격, 온라인, 명품시장 등의 노드가 포함되어 있 '활성

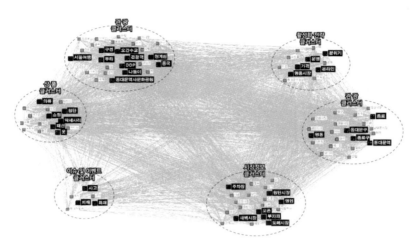

[그림 4-13] 2014~2016년 CONCOR분석

화전략 클러스터', 여섯 번째, 화재, 사고, 피해 등이 포함되어 있는 '이슈 클러스터'로 명명하였다.

두 그룹에서 도출된 6개의 클러스터의 성격은 동일하지만 분석기간에 따라 각 클러스터를 구성하고 있는 노드 수는 변화한 것을 볼 수 있다. 그중에서도 가장 큰 변화가 있는 클러스터는 '관광 클러스터'이다. 관광 클러스터는 2011년~2013년의 경우 16개의 노드로 구성되어 있었지만 2014년~2016년의 경우 10개의 노드가 상승한 26개의 노드로 구성된 클러스터로 확장되었으며, 다른 클러스터 중 가장 규모가 큰 클러스터로 분석되었다. 이와 반대로 '상품 클러스터'의 경우 9개의 노드 수가 감소되었는데 기존 새롭게 등장한 관광 노드로 인해 기존 상품 노드가 100위권 밖으로 밀리며 포함되지 않은 것으로 해석할 수 있다. 포함되지 않은 노드의 경우 대부분 '의류'와 관련된 노드임을 확인할 수 있으며 소비자가 생각하는 동대문시장의 인식이 기존 '의류'에만 한정하여 나타났던 부분들이 DDP 개장 이후 '관광' 요소에까지 확대

[표 4-9] 2014년~2016년 동대문시장 CONCOR 클러스터

구분		2014년~2016년	노드 수
클러스터	장소	서울(1), 동대문구(2), 경동시장(11), 위치(39), 지역(40), 제기동(63), 일대(88), 버스(89), 종로구(30), 중구(13), 평화시장(15), 명동(33), 남대문시장(24), 종로(38), 광장시장(20), 지하철(76), 한국(19), 동대문역(70), 방산시장(97), 남대문(7), 호텔(99)	21개
	시장정보	상인(8), 전통시장(14), 재래시장(84), 상가(4), 주차장(87), 시민(94), 점포(12), 건물(27), 원단시장(45), 매장(42), 부자재(49), 상점(91), 영업(75), 오픈(78), 새벽시장(51), 도매(52), 시장조사(67), 상권(41), 도매시장(16), 판매(36)	20개
	관광	오간수교(59), 중국(34), 면세점(53), 청계천(32), 동대문역사문화공원(69), 두타(25), DDP(31), 밤(43), 여행(44), 글로벌(47), 관광객(57), 세계(83), 친구(17), 사람(18), 구경(22), 생각(35), 주말(65), 길(74), 서울여행(77), 코스(79), 골목(85), 토요일(90), 나들이(58), 야시장(48), 외국인(55), 아이(100)	26개
	상품	의류(29), 원단(5), 사진(56), 디자인(71), 쇼핑(9), 맛집(21), 먹거리(96), 재료(73), 악세사리(95), 옷(6), 패션(28), 제품(37), 물건(60), 브랜드(64), 사이즈(81)	15개
	활성화전략	구매(10), 쇼핑몰(23), 대표(26), 가격(46), 운영(72), 분위기(93), 온라인(98), 업체(86), 명품시장(80), 유통(68), 유덕열(50), 동대문구청장(66)	12개
	이슈 및 이벤트	추석(54), 화재(3), 경찰(61), 피해(62), 사고(92), 제시카알바(82)	6개

[표 4-10] 키워드 CONCOR 클러스터 노드 수 변화

구분	클러스터					
	장소	시장정보	관광	상품	활성화전략	이슈 및 이벤트
2011~2013	22개	19개	16개	24개	16개	3개
2014~2016	21개	20개	26개	15개	12개	6개

되며 표현되었다고 할 수 있다.

활성화전략 클러스터의 경우 2011년~2013년과 2014~2016년도의 노드가 약간 변화되었는데 DDP의 경우, 관광 클러스터로 옮겨졌으며 박원순, 서울시장 등과 정치 인물의 키워드는 없어지고 온라인, 명품시장과 같은 노드가 새롭게 추가되었음을 볼 수 있다.

이슈 클러스터의 경우 해당 분석기간 동안의 이슈들을 알아 볼 수가 있다. 2011년~2013년에는 유명 연예인의 행사 및 공연 등이 대부분이었으나 2014년~2016년에는 동대문시장의 대규모 화재로 인하여 화재, 피해, 사고 등의 노드가 새롭게 추가가 되었고 빈도수에서도 상위권에 위치하였음을 알 수 있다. 이밖에 장소 클러스터와 시장정보 클러스터는 두 그룹 모두 노드 수와 노드의 내용 자체가 모두 큰 변화 없이 유사하게 도출되었다.

③ 2011년~2013년 대비 2014년~2016년 동대문시장의 신규
  키워드 네트워크 분석

2014년~2016년에 새롭게 등장한 키워드만을 정리하여 분석해 보았다. 2011년~2013년 대비 2014년~2016년 동대문시장의 신규 키워드는 크게 세 가지로 구분할 수 있다. 첫 번째는 화재관련 키워드들로서 화재, 피해, 진화, 설치, 인명피해, 진압 등의 키워드들로 도출되었으며, 이들은 공통적으로 2014년 동대문시장에서 일어난 화재사건으로 인해 새롭게 나타나게 된 키워드이다. 키워드의 순위도 화재가 가장 높은 순위이며, 10위권 안에 2개가 포함되어 있음을 볼 수 있다. 다음으로 나타난 키워드들은 야시장, 오간수교, 서울여행 등 관광과 관련된 키워드라고 볼 수 있다. 신규로 나타난 키워드들 중 가장 큰 빈도를 차

[표 4-11] 2011~2013년 대비 2014~2016년 동대문시장 신규 연관 키워드

No	단어	No	단어	No	단어	No	단어
1	화재	26	분위기	51	관광	76	외벽
2	점포	27	먹거리	52	개최	77	진압
3	생각	28	방산시장	53	지원	78	경력
4	글로벌	29	온라인	54	인명피해	79	옷가게
5	야시장	30	호텔	55	장난감	80	완구
6	면세점	31	아이	56	이동	81	완구시장
7	오간수교	32	직원	57	주차	82	연락처
8	경찰	33	아침	58	전국	83	선거운동
9	피해	34	카페	59	전문	84	이태원
10	제기동	35	육성	60	중국인	85	패션타운
11	유통	36	관련	61	오토바이	86	명품
12	동대문역사 문화공원	37	청량리	62	메르스	87	여름휴가
13	길	38	진화	63	볼거리	88	주소
14	영업	39	설치	64	공급	89	한복
15	서울여행	40	눈	65	인기	90	가족
16	오픈	41	하루	66	안내	91	주문
17	코스	42	자리	67	소재	92	현대시티아울렛
18	명품시장	43	대형	68	선물	93	검색어
19	사이즈	44	휴무	69	전달	94	추억
20	골목	45	소매	70	전화	95	고객
21	업체	46	입구	71	하계	96	활기
22	주차장	47	제기시장	72	정류장	97	곱창
23	일대	48	종류	73	종로5	98	야경
24	상점	49	영업시간	74	메카	99	부모
25	사고	50	규모	75	체결	100	연휴

지하고 있다. 앞에서 언급한 야시장, 동대문역사문화공원 등의 공간적인 키워드들도 보이지만 분위기, 볼거리, 추억, 야경 등 상품 키워드들도 많이 나타남을 볼 수 있다. 세 번째로 나타난 키워드들은 동대문시장의 의류시장과 관련된 키워드라고 볼 수 있다. 점포, 영업, 사이즈, 업체, 육성, 영업시간 등의 키워드들로 나타났으며, 키워드들을 보면 사람들이 시장을 방문하기 전 시장의 정보를 알아보기 위해 온라인상으로 검색을 하면서 나타난 키워드들이라고 볼 수 있으며, 한복 키워드가 도출을 확인할 수 있다.

2) 분석결과 해석 및 시사점

기존 전통시장 활성화 연구에서 주로 다루었던 주제와 달리 본 장에서는 전통시장 주변 대규모의 도시공간 변화가 전통시장을 바라보는 소비자의 인식이 어떻게 변화되었는지를 텍스트 마이닝 기법을 적용하여 분석하였다. 이는 전통시장 자체가 가지고 있는 활성화 요인보다는 외부효과의 영향력을 파악하여 전통시장 관련 정부의 정책수립 및 활성화 사업 지원 시 해당 시장의 이미지와 소비자의 니즈를 명확히 파악하여 효율적이고 효과적인 집행을 할 수 있게 하기 위함이다.

동대문시장 주변 도시공간 변화로 기존 동대문운동장을 철거하고 동대문디자인플라자(DDP)가 2014년에 개장을 하였다. 이러한 배경에 따라 DDP로 인한 동대문시장의 인식 변화가 있을 것이라는 가정하에 텍스트 마이닝 기법 중, 세 가지의 분석 방법을 선택하여 활용하였다. 이를 위해 TEXTOM의 결과를 바탕으로 도출된 상위 200개의 키워드를 대상으로 키워드 네트워크 분석을 하였고 그 결과, 2011년~2013년에는 '의류' 관련된 키워드와 '정치' 관련 키워드가 주였다면, 2014년~

2016년에는 DDP가 개장됨에 따라 이와 연계한 '관광' 측면과 관련된 상당수의 키워드가 도출되었다. 즉, '의류' 관련 키워드들의 빈도수가 하락함에 따라 그 자리에는 '관광' 관련 키워드가 새롭게 도출되었고, 이는 DDP와 동대문시장을 연계하는 새로운 관광자원으로서의 영향력을 확인할 수 있었다.

이후 실행한 키워드 중심성 분석의 경우, 앞서 진행한 네트워크 분석에서 확인할 수 없는 직·간접적 영향력을 분석할 수 있는 방법으로서 동대문시장의 인식을 재차 확인하는 단계이며 아울러 검증의 수단으로서도 유효하게 적용할 수 있다. 키워드 중심성 분석은 연결중심성, 근접중심성, 매개중심성, 위세중심성의 네 가지 측면에서 실행하였고, 그 결과, DDP 개발 이전의 경우 '의류'에 관련된 키워드가 높게 도출되었으며 직접 영향도 및 간접영향도 모두 '상업'과 '전통시장' 관련 키워드가 높은 중심성을 나타내고 있었다. DDP 개발 이후를 살펴보았을 때 '상업'과 '전통시장' 관련 키워드가 여전히 높은 중심성을 보이고 있었으나, 간접영향도의 경우 기존에 도출되지 않았던 '관광' 관련 키워드가 개발 이전과는 다르게 매우 높은 결과로 도출되어 네트워크 분석과 유사한 결과가 도출됨을 확인할 수 있었다.

마지막으로 키워드들간 서로 상관성이 있는 키워드들의 군집형태를 파악하기 위해 CONCOR 분석을 실행하였다. CONCOR 분석은 도출되는 클러스터와 그 안에 포함된 노드들을 확인하여 키워드들의 구체적인 변화를 시각적으로 확인할 수 있는 분석 수단으로서 유용하다. 그 결과 두 그룹 모두 동일하게 6개의 클러스터(장소, 시장정보, 관광, 상품, 활성화전략, 이슈 및 이벤트)로 도출되었다. 그러나 CONCOR 분석에서도 마찬가지로 DDP 개발 이후 관광 클러스터의 키워드가 기존 16개에서 25개로 큰 폭의 증가가 나타났고, 반면 상품 클러스터의 키워드는 23개에서 14개로 줄어듬을 확인할 수 있었다. 2011년~2013년 상품 클러스터 키워드가 대부분 '의류' 또는 '쇼핑' 관련 키워드인 점을 고려했을 때 DDP 개발 이후 동대문시장은 소비자들이 인식함에 있어 의류 관련 제품을 사고 파는 장소의 특성을 넘어 DDP와 함께 하나의 관광적 요소 즉 관광 자원으로 높게 인식하고 있음을 확인할 수 있었다.

전통시장 주변 문화공간의 존재가 전통시장 방문의도에 영향을 미친다는 기존 연구는 있었지만 그 영향력이 구체적으로 어떤 종류의 변화이며 전통시장에 미치는 직·간접적인 영향력에 대해 분석된 연구는 그리 많지 않다. 이러한 측면에서 빅데이터 분석을 통한 주변 도시공간 변화에 대한 전통시장 인식 진단은 현실성이 제고된 전통시장 활성화 전략 수립에 기초자료의 근간이 될 수 있을 것으로 본다.

향후 동대문시장의 활성화를 위한 정책 또는 지원 사업 수립 시, 본 연구결과를 바탕으로 상품의 판매와 시설 정비에만 국한하지 않고 주변 공간과 연계된 관광형 시장으로서의 활성화 전략은 지금보다 더 나은 정책 및 사업으로의 역할을 할 수 있을 것으로 판단된다. 이를 위해 DDP와 동대문시장의 연계뿐만 아니라 연구 결과에서 도출된 타 전통시장과 동대문패션타운, 그리고 청계천과 동대문역사문화공원 등 주변 관광 자원들과의 연계를 통하여 이 지역이 가지고 있는 역사성, 장소성, 연결성, 다양성의 가치를 재조명 할 수 있는 맞춤형 전략이 필요하다.

V

전통시장 소비자
감성정보 추출 및 분석

본 장에서는 서울 도심부에 위치한 광장시장을 대상으로 웹과 SNS에 기록된 소비자들이 인식하는 광장시장의 활성화 요인이 무엇인지 분석한다. 본 장의 목적은 광장시장 이용자들을 통해 광장시장의 긍정 감성요인과 부정 감성요인이 무엇인지 실증하는 것이다. 즉, 광장시장 활성화 요인의 감성정보를 파악하고 다른 유통업태와 구분되는 시장의 감성적 경쟁점을 찾아내어 이를 전통시장의 활성화 가능성과 잠재적 요소들로 적용할 수 있는 시사점을 도출하고자 한다.

1. 대상지의 소개

1) 광장시장의 발전 역사

종로 5가와 예지동 일대에 자리 잡은 광장시장은 우리나라 최초의 상설시장이자 1905년에 문을 연 이후 올해로 112년째로 접어들었다. 시장 개설 허가를 낼 당시에는 동대문 시장이라 하였으나 1960년대 이후부터 광장시장이라고 명칭을 변경하였다. 광장의 뜻은 청계 3,4가의 광교와 장교 사이에 위치하고 있다하여 앞 글자를 따온 이름이다[17].

조선 후기 배오개(이현)시장은 칠패(현 남대문시장)시장과 종로시장과 더불어 한양의 3대 시장으로 그 명성이 높았다. 그러나 1876년 문

---

17) 광장시장 홈페이지 (http://www.kwangjangmarket.co.kr)

호개방과 함께 서울의 재래시장도 변혁을 맞게 되는데, 특히 일본 상인들의 진출로 인해 국내 재래시장 상인들이 큰 타격을 입게 된다. 일본인들의 유입과 함께 조선 상업을 상징했던 상설시장인 종로 시전가(종로 네거리의 육의전과 시전)는 상품 독점권을 완전히 상실하고 손님 없는 곳이 되었다. 일본인 상권은 종로뿐만 아니라 남대문시장까지 그 세력이 미치고 있었다. 이 같은 위기를 극복하고자 종로 상권을 지키기 위해 종로와 이현(배오개)을 잇는 새로운 시장을 만들게 된다. 일반 상인들 뿐 아니라 대한제국의 황제 역시 시장의 필요성을 인식하고 있었고, 1905년 박승직, 김종한, 장두현, 최인성 등은 자본금 7만 8천환으로 '광장시장주식회사'를 설립하였다. 이 시장은 당국으로부터 허가 받은 최초의 근대적 시장이었고 회사 이름은 후에 확장하여 현 동대문시장과 구분되어진다(전은선, 2013). 이후 1950년 한국전쟁 중 광장시장은 완전히 전소되어 파괴되었고, 1953년 8월 동대문시장 재건위원회가 구성되어 광장(주)와 상인들 간의 협동으로 시장이 재건된다. 1959년 광장상가가 완공되어 1960년대에는 '광장 백화점'으로 불릴 만큼 큰 규모로 지어졌다. 1960년 시장법 개정과 동시에 제일 먼저 '광장시장'이 유일의 '동대문시장'으로서 인가를 받고, 이때부터 공식명칭이 '광장시장'이 되지만, 사람들 사이에서는 계속 동대문시장이라고 불렸다. 1970년대까지 신문들은 '광장시장(구 동대문시장)'이라고 표기했다. 2000년대 이후 가판대 및 아케이드 설치, 만남의 광장 조성 등을 통해 시설 현대화 사업을 실시하였고 2005년 종로청계 관광특구로 지정되었다. 2010년 광장시장 상인총연합회를 창립하며 현재에 이르고 있으며 KBS2TV에 방영되고 부터 1960~2000년대까지 의류 중심이었던 광장시장을 먹자골목·맛집으로 널리 알려지게 되어 먹거리로 유명한 관광지가 되었다.

  광장시장의 점포수는 한복원단, 양장지, 커튼, 침구류 등 무려 5천여 개에 달하며 특히 직물 도·소매상들이 많은 시장으로 명성이 자자하다. 현재 광장시장의 모습은 먹자골목과 한복, 침구 같은 혼수품이 주를 이루고 있지만 초기에는 빈티지 패션의 중심이 된 시초라 할 수 있다. 인근의 동대문 시장에 관광객과 젊은 세대들의 쇼핑 천국으로 입지를 다졌지만 광장시장의 수입 구제 상가는 어디서도 볼 수 없는 독특한 아이템이 넘쳐나기 때문에 젊은 연령대나 연예인, 스타일리스트들이 많이 찾는 곳 중 하나이다. 특히 최근에는 온라인 몰이나 로드샵 등 빈티지 시장이 확대되고 세분화되면서 마니아 성향을 가진 주 고객층에서 점점 대중적으로 자리를 잡아가고 있다.

[그림 5-1] 1940년대 광장시장

[그림 5-2] 1960년대 광장시장

[그림 5-3] 1970년대 광장시장

[그림 5-4] 현재 광장시장

2) 광장시장의 입지 및 공간 구성

광장시장은 서울시 종로구 예지동 6-1에 위치한다. 종로 5가와 종로 3가역 사이에 위치하며 남쪽으로는 청계천이 인접하고 있다. 광장시장에 인접한 시장으로는 청계천을 끼고 남쪽으로 방산시장이 위치해 있으며, 북쪽으로는 세운상가가 있다. 대규모 시장들 주변으로 소규모 도·소매상점들이 산재해 있으며 인접한 곳에 동대문 시장, 명동, 종로 등의 대형 상권이 인접해 있다.

광장시장 설립초기였던 1900년대 초반에는 농수산물 위주의 시장이었으나, 품목이 점차 다양해져 한복, 직물, 의류, 구제, 침구, 수예, 나전칠기, 농수산물, 주방용품 등 전국최대규모를 자랑하는 종합적인 도소매시장으로 그 위상이 높아졌다.

현재의 광장시장은 직물부(양복지, 양장지, 모직, 면, 실크, 수입 모직 등), 한복부(전통한복, 궁중복식, 아동한복, 생활한복 및 기타 부자재), 의류 부자재(악세서리, 체인, 장식, 실, 단추, 지퍼, 레이스, 웨딩 부자재 등), 농수산물(곡류, 과일, 야채, 육류, 수산물, 건어물, 밑반찬, 폐백음식 등), 먹거리 등으로 구성되어 있다. 총 면적은 약 68,359㎡이며 총 점포수는 5,682개(비(非)광장시장 상가 약 3,000개 포함) 그리고 728개의 노점이 있다. 종사자 수는 약 5,900여 명, 유동인구는 35,000여 명으로 추산된다. 중앙 아케이드와 광장시장 주식회사를 포함한 주 건물은 1960년대에 재건된 것으로 현재까지 사용되고 있으며, 대로변 주변의 몇몇 건물들(비(非)광장시장)은 1980년대부터 2000년대에 지어진 건축물도 혼재되어 있다. 광장시장은 총 8개의 출입구로 이루어져 있으며 북2문, 동문, 남1문이 만나는 길목은 먹거리구간이 조성되어 있다.

132

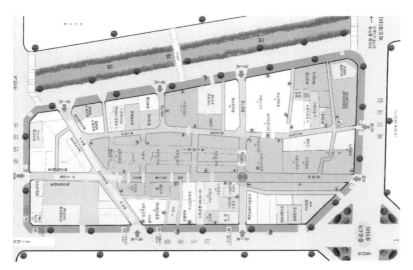

[그림 5-5] 광장시장 배치도

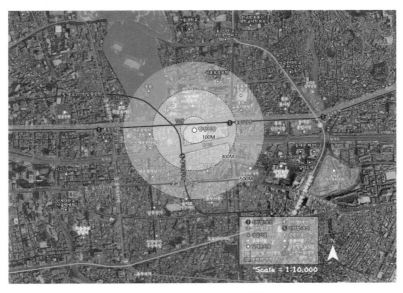

[그림 5-6] 광장시장 주변 현황도

2. 분석의 개요 및 데이터 표준화

1) 분석의 개요

광장시장에 대한 소비자들의 인식 및 감성을 도출하기 위해 빅데이터를 활용한 오피니언 마이닝 기법을 적용한다. '광장시장' 이라는 키워드로 WEB이나 SNS에 남긴 텍스트 자료로부터 구조화된 형태의 정보를 추출하여 패턴과 의미 체계를 파악하여 감성정보를 살펴보고자 함이 본 연구 분석의 목적이다. 이를 위해 웹과 SNS에 작성된 텍스트를 수집-정제-분석의 과정을 통해 유용한 정보를 도출하고자 한다. 현재 사람들의 감성정보를 도출함에 있어서 구조화된 모형이나 분석 프로그램은 존재하지 않으며 이에 따라 다양한 학문 분야에서 사람의 감성을 도출하기 위한 활발한 연구가 진행 중이다. 따라서 본 연구에서는 기존 통계분석들을 단계적으로 활용하여 본 연구에 접목하려한다. 이를 위해 분석에는 TEXTOM을 활용하여 광장시장 관련 키워드를 수집하고 키워드 네트워크 분석과 키워드 데이터의 표준화 과정을 거쳐, SPSS 25의 이분형로지스틱 분석과 의사결정나무 분석을 실행한다. 이후 도출된 데이터를 Amos 구조 경로모형 분석에 인풋(input)하여 감성정보의 단계별 검증과 감성요인을 도출한다.

이러한 감성정보 분석을 위하여 국내 광장시장 관련 정보를 제공하는 웹사이트의 빅데이터를 활용하였다. 국내 최대의 포털사이트인 '네이버(NAVER)'와 '다음(Daum)'의 블로그, 카페, 지식인 등의 데이터와

134

SNS로 대표되는 페이스북(Facebook), 트위터(Twitter)를 대상으로 수집된 빅데이터를 분석대상으로 하였으며, 데이터 검색을 위한 키워드는 '광장시장'으로 설정하였다.

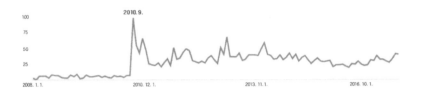

(※ 기간내 최고지수를 100으로 하여 지정된 구간의 검색어 트렌드를 상대지수로 분석함)

[그림 5-7] 광장시장 구글 검색어 트렌드 상대지수

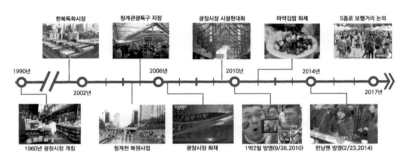

[그림 5-8] 광장시장의 주요 이슈 및 사건

분석에는 구글(Google)의 '광장시장' 키워드 검색량이 집중적으로 증가[18]하기 시작한 2010년부터 데이터 수집이 가능한 2016년까지의 데이터를 수집하여 소비자의 감성에 대한 분석을 통해 광장시장의 활성

---

18) 최근 8년간의 검색어 트렌드(Google) 분석 및 이슈 분석 결과, 2010년 방송 프로그램에 방영된 이후부터 현재까지 구준히 높은 검색어 추이를 보여주고 있다.

화에 영향을 미친 요소들을 분석하고자 한다. 2010년 1월 1일부터 2016년 12월 31일까지(2,557일) 앞서 언급한 채널들을 대상으로 소셜 빅데이터인 텍스트 기반의 웹문서(버즈)를 수집하였으며, 크롤링 프로 그램을 사용한 결과 광장시장과 관련된 버즈는 총 5,169개가 수집되었 다. 이를 채널별로 살펴보면 광장시장과 관련된 버즈는 네이버에서 2,000개(토픽 74,062개), 다음에서 2,472개(토픽 36,850개), 페이스북 에서 538개, 트위터에서 159개가 수집되었다.

[표 5-1] 광장 시장 데이터 수집 결과

구분	내용
데이터 수집 기간	2010년~2016년
총 버즈	5,169
네이버(NAVER)	2,000 (토픽 74,062)
다음(Daum)	2,472 (토픽 36,850)
페이스북(Facebook)	538
트위터(Twitter)	159

[표 5-2] 오피니언 마이닝 데이터 대상 및 범위

구분	내용
분석 키워드	광장시장
분석 방법	오피니언 마이닝((Opinion Mining)
분석 목적	광장시장의 활성화 요인을 오피니언 마이닝으로 도출 → 도출된 텍스트의 감정을 파악하여 긍정·부정요인 도출
데이터 범위	- 네이버 (블로그, 카페, 지식인) - 다음 (블로그, 카페, 지식인) - 페이스북, 트위터
데이터 수집 기간	2010년~2016년
데이터 수집 방법	텍스톰(TEXTOM : Text to Matrix)
데이터 정제 방법	부사(이제, now 등), 불용어(있, 간, 동등), 동의어(전통시장, 시장 등) 삭제 및 병합
데이터 분석 방법	SPSS 24 / Amos 24

2) 텍스트 데이터 수집 및 분석 방법

오피니언 마이닝도 텍스트 마이닝과 마찬가지로 텍스트 데이터를 활용하여 분석을 하기 위해서는 자료의 수집과 감성정보 도출을 위한 자료의 분석 과정을 거쳐야 한다. 우선 텍스트 데이터의 수집은 앞 장에서 언급한 소셜 매트릭스 프로그램인 텍스톰을 동일하게 활용하였다. 텍스톰을 활용해 광장시장 관련 키워드 데이터를 수집한 후, 광장시장 상위 100개의 주요 키워드를 확인하는 네트워크 분석을 실시한다. 이는 광장시장의 전반적인 성격과 시장의 특성을 확인하고자 함이다. 이후 본격적으로 진행되는 감성분석을 위한 연구방법을 실행하기 위해 분석을 위한 텍스트를 코딩하고 표준화 작업을 실행한다. 이는 비정형데이터를 정형데이터로 변환하는 과정으로서 이후 진행하는 분석을 위한 준비작업 단계라고 할 수 있다. 코딩 및 표준화 단계를 마치면 SPSS 및 Amos 통계 프로그램에 적용이 가능하도록 요인분석을 진행한다. 요인분석은 독립변수로 활용될 명사 200개의 키워드를 바탕으로 진행되며 탐색적 요인분석과 확인적 요인분석을 모두 적용한다. 이와 동시에 종속변수로 활용될 감정 키워드의 형용사 30개를 긍정어와 부정어로 분류하고 1과 0의 형태로 표준화한다.

감성분석의 첫 번째 방법은 이분형 로지스틱 분석이다. 이 분석에서는 1차적으로 각 요인들 중, 감성에 미치는 영향력을 파악한다. 두 번째로 각 요인들끼리의 관계성과 우선순위의 파악을 위해 의사결정나무 분석을 진행한다. 의사결정나무 분석은 확률모형으로서 소비자의 선택에 대한 긍정 변화와 부정 변화를 파악하여 최적의 선택 모형 값 도출이 가능한 장점을 지니고 있다. 마지막으로 의사결정나무 분석에서 핵심 요인으로 도출된 뿌리나무를 매개변수로 적용하는 Amos 구조 경로모형 분석으로 이어간다. 이는 광장시장 활성화 요인의 핵심요인으로 도출된 뿌리나무의 매개효과 파악이 가능하며, 이분형 로지스틱 분석이나 의사결정나무 분석에서 확인이 어려운 요인들간의 직·간접 효과를 확인할 수 있는 장점이 있다.

이러한 단계별 확인 검증 방법을 통해 광장시장이 가지고 있는 활성화 요인들의 감성정보를 파악하고 요인들간의 상관관계를 검증하는 절차를 통해 그동안 선행연구에서 시도해보지 않은 심도 있는 활성화 요인 분석을 진행한다. 또한 분석과정 속에서 빅데이터 분석의 다양한 분석 기법 중 소비자의 관점에서 상권을 분석하고 가치를 도출하기 위한 최적의 방법을 찾는 과정을 제시한다.

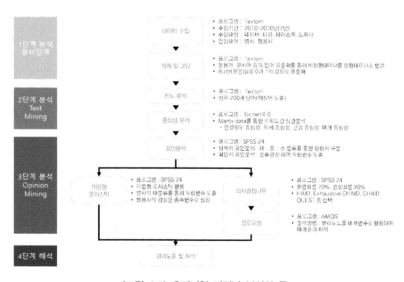

[그림 5-9] 오피니언 마이닝 분석의 틀

3) 데이터 코딩 및 요인분석

① 데이터 코딩 및 표준화

빅데이터 자료의 형태는 비정형데이터이다. 분석을 위해서는 비정형데이터를 정형데이터로 변환하는 절차가 선행되어야 한다. 이를 위해 본 연구에서는 데이터 수집과정을 통해 도출된 키워드를 '명사'와 '형용사'로 구분하여 데이터를 코딩 및 표준화 하였다. 특히 형용사의 경우 각 단어들에 대한 감성(긍정, 부정)을 판단할 수 있는 지표를 제시함에 따라, 명사와 분리하여 코딩이 진행되어야 할 필요성과 그 키워드의 중요성이 나타난다 할 수 있다.

[표 5-3] 비정형 데이터의 정형화 코딩 코드

문항번호	변수명	설명	비고
1	버즈(Raw data)	블로그 텍스트	블로그당 도출 키워드 나열
2~31	감성어(30개)	감정을 나타내는 형용사	-
32~232	키워드(200개)	빈도 상위 200개의 키워드	-
233	감성결과	버즈 감성 결과	(긍정형용사-부정형용사)가 1 이상인 경우 A, 아닐 경우 B
234	market_thought	감성 결과 코딩	A=1, B=0
235~243	키워드 그룹	요인분석결과로 나타난 9개의 그룹	그룹 = 버즈 내 키워드 결과값의 합
244~252	키워드 그룹 표준화	키워드 그룹을 이원화로 표준화	1 이상인 경우 1, 아닐 경우 0

독립변수로 활용될 '명사' 키워드를 코딩 및 표준화하기 위하여, SPSS의 요인분석(베리멕스)를 통하여 요인간의 관련성을 분석하고, 이를 통해 도출된 그룹을 통해 아래와 같이 분류하였으며, 이를 독립변수로 활용하였다. 아래의 분류에 따른 데이터들의 경우 해당 버즈에 명사 또는 형용사가 포함되어 있으면 '1', 포함되어 있지 않으면 '0'으로 표준화 하였다.

	BUZZ로 부터 도출된 감성텍스트 n개			BUZZ로 부터 도출된 요인텍스트 m개				요인텍스트 m개외 요인분석(베리멕스)결과 s개		
	감성텍스트1 (형용사)	...	감성텍스트n (형용사)	요인텍스트1 (명사)	...	요인텍스트m (명사)	BUZZ 감성 (종속변수)	요인분석 결과1 (독립변수)	...	요인분석 결과s (독립변수)
BUZZ 1	1 or 0*	...	1 or 0	1 or 0	...	1 or 0	1 or 0***	1 or 0****	...	1 or 0
BUZZ 2	1 or 0	...	1 or 0	1 or 0	...	1 or 0	1 or 0	1 or 0	...	1 or 0
BUZZ 3	1 or 0	...	1 or 0	1 or 0	...	1 or 0	1 or 0	1 or 0	...	1 or 0
BUZZ 4	1 or 0	...	1 or 0	1 or 0	...	1 or 0	1 or 0	1 or 0	...	1 or 0
BUZZ 5	1 or 0	...	1 or 0	1 or 0	...	1 or 0	1 or 0	1 or 0	...	1 or 0
BUZZ 6	1 or 0	...	1 or 0	1 or 0	...	1 or 0	1 or 0	1 or 0	...	1 or 0
BUZZ 7	1 or 0	...	1 or 0		...	1 or 0	1 or 0	1 or 0	...	1 or 0

* BUZZ내 해당 텍스트가 존재할경우 1, 존재하지 않을경우 0
** 주제에 대한 BUZZ의 감성(긍정 or 보통/부정)
*** (긍정 감성 텍스트 - 부정 감성 텍스트) ≥1일경우 1, (긍정 감성 텍스트 - 부정 감성 텍스트) <1일경우 0
**** 하나의 BUZZ에서 요인분석 결과에 따른 요인의 합(1 or 0의 이분형으로 표준화함)

[그림 5-10] 비정형 데이터 정형화 코딩 및 표준화 방법

'형용사' 처리는 광장시장 관련 키워드를 바탕으로 상위 30개의 형용사를 대상으로 진행하였으며, 긍정어와 부정어로 구분하였다. 이에 대한 세부 내용은 아래와 같다.

[표 5-4] 오피니언 마이닝 형용사 분류

감정	키워드
긍정 (21개)	맛있다, 많다, 싸다, 좋다, 추천하다, 크다, 즐겁다, 활기차다, 가깝다, 예쁘다, 괜찮다, 유명하다, 이쁘다, 행복하다, 푸짐하다, 새롭다, 최고다, 먹고싶다, 스펙터클하다, 정겹다, 편하다
부정 (9개)	암울하다, 쇠퇴하다, 차다, 없다, 춥다, 북적이다, 힘들다, 비싸다, 바쁘다

② 요인분석

키워드들의 표준화 작업이 이루어진 후 앞으로 진행될 감성분석을 위해 명사 200개의 키워드를 바탕으로 요인분석을 실행한다. 본 연구에서 수집한 데이터양이 너무 많고 이를 모두 사용하여 회기분석을 실행하기에는 통계적 유의성에 문제가 생길 우려가 있기 때문에 이에 따라 문제를 해결해 줄 수 있는 분석기법을 활용 해야한다. 요인분석은 수집된 많은 변수들을 유사한 항목끼리 묶어 적은 수의 요인으로 축소시키는 분석방법이다. 즉 요인분석은 수집된 자료에 유사한 변수들이 많이 포함되어 있을 경우에 포함되어 있는 정보를 가능한 유지하면서 변수의 수를 줄여 차후 분석을 용이하게 하는데 사용되는 기법이다.

요인분석의 기본은 상관관계가 높은 변수들을 함께 묶어 주는 것이다. 이를 위해 요인분석의 초기단계에서는 먼저 변수들 간의 상관관계를 계산하고, 주성분분석을 적용하여 초기분석결과를 도출한다. 요인의 수를 몇 개로 하느냐는 요인의 고유 값을 검토함으로써 결정되며 추출된 각 요인에 포함된 정보량이 최소한 원래 변수에 담겨진 정보량보다 많아야 요인분석이 의미를 갖게 되므로 요인분석에서는 고유 값이 1이상인 요인들의 수만큼 요인을 추출한다(이병훈, 2012).

요인분석은 탐색적 요인분석과 확인적 요인분석으로 구분하여 진행하였다. 탐색적 요인분석은 사전정보 없이 데이터가 보여주는 결과를 그대로 받아들여 변수 사이의 관련성을 통한 집약방법이다. 확인적 요인분석은 선행연구의 이론적 배경이나 논리적 근거를 기반으로 측정변수와 잠재변수간의 관계를 검증하는 데 이용된다[19].

▸ 탐색적 요인분석

탐색적 요인분석은 행동과학에서 이론적 개념을 탐색하는 데 가장 널리 쓰이는 통계 방법이다. 탐색적 요인분석은 요인의 구조가 미리 알려져 있지 않은 상태에서 요인을 탐색하는 것이 목적인 방법으로(강태훈, 2013), 잠재변수를 탐색하기 위해서 실시한다. 탐색적 요인분석의 과정은 데이터들 간의 상관계수를 계산해 요인을 추출한다. 이후 요인 회전을 통해 요인 부하량을 산출하여 회전된 요인과 관계있는 요인 부하량이 큰 데이터를 검토하고, 데이터 값에 근거하여 요인을 도출하는 방식으로 이루어진다. 본 연구에서 적용한 탐색적 요인분석의 추출방법은 주성분 분석이며, 요인 회전 방법은 베리맥스를 선택하여 분석하였고 유의수준 내에서 KMO(Kaiser-Meyer-Olkin)의 표본적합도는 0.722로 적합하였다. 그에 대한 결과는 아래 표와 같다.

---

19) 우종필, 2012, 우종필 교수의 구조방정식모델 개념과 이해, 한나래아카데미, 37쪽

[표 5-5] 탐색적 요인분석 결과

육교	0.979	-0.004	-0.003	-0.004	-0.027	0.003	-0.008	-0.016	-0.010	-0.035	-0.008
서울역	0.903	-0.002	-0.001	-0.003	-0.032	0.004	0.018	-0.022	-0.016	-0.028	-0.017
도로	0.891	-0.003	-0.004	-0.004	-0.029	0.000	0.001	-0.019	-0.019	-0.023	-0.015
공원	0.589	-0.014	-0.012	-0.007	-0.044	-0.017	-0.003	-0.029	-0.040	-0.041	-0.045
섬유	-0.005	0.958	-0.005	-0.006	-0.033	0.006	-0.032	-0.028	-0.020	-0.041	-0.009
산업	-0.005	0.943	-0.005	-0.006	-0.036	0.005	-0.031	-0.029	-0.022	-0.042	-0.011
과거	-0.005	0.940	-0.005	-0.007	-0.033	0.005	-0.024	-0.027	-0.018	-0.045	-0.007
추억	-0.002	0.842	-0.007	-0.006	-0.043	0.007	-0.004	-0.028	-0.021	-0.022	-0.021
기행	-0.001	0.821	-0.006	-0.004	-0.056	0.002	-0.025	-0.024	0.020	-0.058	-0.002
원단	-0.006	0.669	-0.006	-0.003	0.063	-0.019	-0.036	-0.013	-0.040	-0.069	-0.010
한복	-0.023	-0.014	-0.024	0.231	0.590	-0.047	-0.071	-0.026	-0.142	-0.187	-0.059
결혼준비	0.016	0.010	0.022	0.085	0.558	0.121	-0.026	-0.049	0.063	0.097	-0.041
이불	0.012	0.008	0.020	-0.030	0.548	0.083	0.018	-0.059	0.121	0.148	-0.120
예단이불	0.015	0.006	0.016	-0.021	0.529	0.077	0.004	-0.054	0.129	0.120	-0.101
맞춤	-0.006	0.023	-0.014	0.082	0.488	-0.095	-0.039	-0.043	-0.052	-0.144	0.045
전문	0.004	0.002	0.002	-0.001	0.432	0.025	0.019	-0.027	0.064	-0.002	-0.026
한복집	-0.007	-0.003	-0.007	-0.004	0.429	-0.011	-0.035	-0.005	-0.061	-0.103	-0.026
신세계	-0.008	-0.016	-0.005	0.002	-0.018	0.672	-0.018	-0.026	-0.171	0.025	0.072
육회맛집	-0.017	-0.023	-0.013	-0.031	-0.080	0.651	-0.031	-0.034	-0.075	-0.070	0.186
육회 자매집	-0.023	-0.028	-0.013	-0.045	-0.100	0.488	-0.050	-0.049	-0.016	-0.056	0.352
맛집	-0.032	-0.003	-0.015	-0.065	-0.165	0.409	0.017	0.146	0.272	-0.089	0.101
종로구	-0.001	0.006	0.015	0.009	0.070	0.005	0.657	0.217	0.012	-0.068	0.196
종로	0.160	-0.002	0.006	-0.011	0.108	0.047	0.494	0.067	0.333	-0.065	0.176
서울	0.193	-0.006	-0.005	-0.012	-0.070	0.198	0.480	0.049	-0.123	0.172	0.061
창경궁	-0.006	0.003	0.009	0.009	0.043	-0.033	0.413	0.067	-0.037	-0.048	0.115
예지동	-0.004	0.013	0.009	-0.003	0.047	-0.021	0.404	0.201	-0.016	-0.043	0.059
대구 매운탕	0.011	0.017	0.001	0.006	0.032	0.020	-0.093	0.791	-0.044	-0.006	-0.027
은성횟집	0.008	0.014	-0.001	0.001	0.015	0.047	-0.078	0.668	-0.022	0.007	-0.050
백종원	-0.001	0.000	0.006	0.012	0.001	-0.022	0.103	0.482	-0.009	-0.063	0.025
대구탕	0.000	0.002	-0.006	-0.003	-0.057	0.037	-0.081	0.400	0.021	0.003	-0.049

빈대떡	-0.018	-0.025	-0.020	-0.010	-0.093	0.033	-0.057	0.037	0.621	0.257	0.054
해물파전	-0.004	0.010	-0.023	-0.006	-0.011	0.079	0.038	-0.020	0.565	-0.218	-0.016
유가 빈대떡	-0.008	-0.003	-0.018	-0.015	-0.029	0.079	0.031	-0.035	0.560	-0.172	0.066
순희네 빈대떡	-0.010	-0.013	-0.017	-0.001	-0.060	-0.007	-0.062	0.015	0.471	0.168	0.033
거리	-0.006	0.327	0.004	-0.003	-0.004	0.027	0.162	0.020	-0.026	0.627	0.018
먹거리	-0.007	0.343	0.005	-0.004	0.002	0.034	0.146	0.013	-0.023	0.623	0.013
마약김밥	-0.013	-0.031	-0.020	0.012	-0.029	-0.102	-0.043	0.061	0.115	0.517	0.105
녹두 빈대떡	0.020	-0.007	0.011	0.021	0.085	-0.056	-0.080	0.052	0.266	0.476	0.128
먹방	0.008	-0.025	-0.003	-0.004	-0.022	0.014	-0.057	0.044	-0.011	0.444	0.006
떡볶이	-0.007	-0.011	0.001	0.003	-0.024	-0.039	-0.064	0.003	0.026	0.411	0.027
순대	-0.006	-0.013	-0.013	0.008	-0.017	-0.027	-0.060	0.024	0.073	0.410	0.056

▸ 확인적 요인분석

탐색적 요인분석이 변수들 간의 구조를 조사하고, 통계적 효율성을 높이기 위한 방법으로서 변수와 요인의 관계가 이론상으로 체계화되지 않거나 논리적으로 정립되지 않은 상태에서 주로 사용된다면, 확인적 요인분석은 탐색적 요인분석의 결과를 바탕으로 잠재변수와 관측변수 간의 관계 및 잠재변수 간의 관계를 검증하는 것이다. 선행연구의 이론적 배경이나 논리적 근거를 바탕으로 하는 이론 검증 과정으로도 볼 수 있으며, 본 연구에서는 확인적 요인분석 결과의 각 키워드에서 변수의 설명력을 의미하는 요인적재량 값이 0.4 이하인 키워드들을 제거하고, 해당 키워드에 대한 측정변수에의 논리적 적절성을 바탕으로 확인적 요인분석을 진행하였다. 확인적 요인분석의 결과는 아래와 같다.

[표 5-6] 확인적 요인분석 결과

요인 분류	키워드					
주변시설	육교	도로	공원	서울역		
추억	섬유	산업	과거	추억	기행	원단
전문의류	한복	결혼준비	이불	예단이불	맞춤	전문
음식_육회	맛집	신세계	육회맛집	육회자매집		
장소	종로구	예지동	종로	서울	창경궁	
음식_대구탕	대구매운탕	대구탕	은성횟집	백종원		
음식_빈대떡	빈대떡	해물파전	유가빈대떡			
먹자골목	거리	먹거리	마약김밥	순대	녹두빈대떡	떡볶이

3. 활성화 요인 감성정보 추출 모형의 검증 및 분석

1) 감성정보 추출 모형 검증

① 이분형 로지스틱 모형 검증

본 연구에서는 확인적 요인분석 결과를 바탕으로 구성된 장소, 주변시설, 추억, 전문의류, 먹자골목, 음식_육회, 음식_대구탕, 음식_빈대떡을 이분형 로지스틱 분석을 위한 독립변수로 설정하였다. 독립변수의 기술통계량으로는 독립변인의 수는 BUZZ 5,991개로 동일하며, 최소값은 0, 최대값은 1이다. 이에 대한 평균값으로는 장소는 0.256, 주변시설은 0.015, 추억은 0.035, 전문의류는 0.126, 먹자골목은 0.226, 음식_육회는 0.176, 음식_대구탕은 0.022, 음식_빈대떡은 0.162로 나타났다.

분석에 사용된 명사 200개의 표본을 바탕으로 구성된 장소, 주변시설, 추억, 전문의류, 먹자골목, 음식_육회, 음식_대구탕, 음식_빈대떡 요인의 상관관계 분석을 실행하였다. 그 결과를 보면, 장소와 주변시설이 −0.001, 장소와 추억이 −0.043, 장소와 전문의류가 −0.054, 장소와 먹자골목이 −0.045, 장소와 음식_육회가 −0.054, 장소와 음식_대구탕이 −0.010, 장소와 음식_빈대떡이 −0.044로 나타났다.

주변시설과의 관계를 보면, 주변시설과 추억이 0.020, 전문의류가

146

0.008, 먹자골목이 0.048, 음식_육회가 0.308, 음식_대구탕이 0.08, 음식_빈대떡이 –0.017로 나타났다.

추억과의 관계를 보면, 추억과 전문의류가 –0.133, 추억과 먹자골목이 –0.123, 추억과 음식_육회가 –0.133, 추억과 음식_대구탕이 –0.043, 추억과 음식_빈대떡이 –0.122로 나타났다.

전문의류와의 관계를 보면, 전문의류와 먹자골목이 –0.008, 전문의류와 음식_육회가 0.096, 전문의류와 음식_대구탕이 0.096, 전문의류와 음식_빈대떡이 0.133으로 나타났다.

먹자골목과의 관계를 보면, 먹자골목과 음식_육회가 0.133, 먹자골목과 음식_대구탕이 0.001, 먹자골목와 음식_빈대떡이 0.001로 나타났다.

[표 5-7] 독립변수 상관분석 결과

구분	장소	주변시설	추억	전문의류	먹자골목	음식_육회	음식_대구탕	음식_빈대떡
장소	1	-	-	-	-	-	-	-
주변시설	-0.001	1	-	-	-	-	-	-
추억	-0.043	0.020	1	-	-	-	-	-
전문의류	-0.054	0.008	-0.133	1	-	-	-	-
먹자골목	-0.045	0.048	-0.123	-0.008	1	-	-	-
음식_육회	-0.054	0.308	-0.133	0.096	0.133	1	-	-
음식_대구탕	-0.010	0.08	-0.043	0.096	0.001	0.024	1	-
음식_빈대떡	-0.044	-0.017	-0.122	0.133	0.001	0.182	0.087	1

마지막으로 음식_육회와의 관계를 보면, 음식_육회와 음식_대구탕은 0.024, 음식_육회와 음식_빈대떡은 0.182로 나타났으며, 마지막으로 음식_대구탕과 음식_빈대떡은 0.087의 상관관계로 도출되었다. 독립변인간의 상관관계는 모두 0.4이하로 나타나 지나치게 높은 상관으로 인한 다중공선성의 위험은 보이지 않았다. 또한 각 변수들의 VIF(Variance inflation factor)값이 모두 10 이하로 나타나 다중공선성의 발생가능성은 나타나지 않음을 확인하였다.

② 의사결정나무 모형 검증

본 연구의 의사결정나무 형성을 위한 분석 알고리즘은 CHAID(Chi-squared Automatic Interaction Detection), Exhaustive CHAID, CRT(Classification and Regression Tree), QUEST(Quick, Unbiased, Efficient Statistical Tree) 확장방법(growing method)중 모형의 예측률이 가장 높은 Exhaustive CHAID를 사용하였다. Exhaustive CHAID는 각 예측변수에 대해 가능한 모든 분할을 검사하는 CHAID알고리즘을 수정한 것이다. 정지규칙(stopping rule)으로 상위 노드(부모마디)의 최소 케이스 수는 100으로, 하위 노드(자식마디)의 최소 케이스 수는 50으로 설정하였고, 나무깊이는 제한하지 않았다. 그리고 데이터 분할에 의한 타당성 평가를 위해 훈련표본(training data)과 검정표본(test data)의 비율은 70::30으로 설정하였다.

[표 5-8] 의사결정나무 분석 알고리즘 종류

구분	내용
CHAID (Chi-squared Automatic Interaction Detection)	각 단계에서 CHAID는 종속변수와의 상호작용이 가장 강한 독립변수(예측변수)를 선택하는 기법이다. 각 예측변수의 범주는 종속변수와 크게 차이 나지 않는 한 합쳐진다.
Exhaustive CHAID	각 예측변수에 대해 가능한 모든 분할을 검사하는 CHAID 알고리즘을 수정한 것이다.
CRT (Classification and Regression Trees)	종속변수와 가능한 동일한 세그먼트로 데이터를 분할한다. 모든 케이스의 종속변수 값이 동일한 터미널 노드는 동일한 '순수' 노드이다.
QUEST	신속하고 비편향적이며 효율적인 통계분석 나무이다. 여러 범주가 있는 예측변수 편에서 다른 방법의 편향성을 방지하는 신속한 방법이며, 종속변수가 명목일 경우에만 QUEST를 지정할 수 있다.

본 연구에서는 노드 분리 기준을 이용하여 나무형 분류모형에 따른 모형의 예측률(정분류율)을 검증하여 예측력이 가장 높은 모형을 선택하였다. 트리의 분리 정확도를 나타내는 정분류율을 비교분석한 결과 CHAID 알고리즘의 훈련표본에서 정분류율이 62.7%로 가장 높았으며, 검정표본에서도 62.4%로 유의한 결과가 나옴에 따라 CHAID 알고리즘의 방법론을 선택하였다.

[표 5-9] 의사결정나무 분류기준별 적합도

modeling method	training data		test data	
	correct(%)	wrong(%)	correct(%)	wrong(%)
CHAID	62.7	37.3	62.4	37.8
Exhaustive CHAID	62.0	38.0	62.3	37.7
CRT	62.2	37.8	62.1	37.9
QUEST	62.4	37.6	61.9	38.1

③ 구조 경로모형 검증

본 연구에서는 의사결정나무에서는 볼 수 없었던 부모마디 '장소' 관련 요인과 다른 요인들에 대한 정량적인 효과를 검증하고자, '장소' 관련 요인이 행하는 다른 요인들에 대한 매개효과를 측정하고자 하였다. 또한 본 연구에서는 구조 경로모형의 적합도를 판단하기 위해 다양한 적합도 지수가 제시되었다. 하지만 아직까지 어떤 적합도 지수가 가장 적합한지에 대해서는 연구자들의 다양한 의견이 존재한다(김기중, 2016).

따라서 본 연구에서는 6개 지표에 의한 적합도를 분석하였으며, 그에 따른 결과는 아래 표와 같다. χ^2은 값이 작을수록 적합도가 높은 것으로 판명되지만, 표본의 크기가 200개 이상인 경우에는 χ^2통계량에 대한 판단은 유보하는 것을 권장하고 있다(성현곤, 2011). 절대적합 지수를 나타내는 GFI(Goodness of Fit Index)는 0.9이상, SRMR(Standardized RMR)은 0.8이하, RMSEA(Rood Mean Square Error of Approximation)은 0.05이하, TLI(Tucker-Lewis Index)는 0.9이상, CFI(Comparative Fit Index)는 0.9이상을 모형의 적합도로 인정하며, 본 연구에서는 GFI, SRMR, RMSEA, TLI, CFI에서 해당 적합도를 모

[표 5-10] 구조 경로모형 분석 적합도

적합도 지수	결과	판별 기준
χ^2	2826.978	-
GFI	0.974	0.9이상
AGFI	0.943	0.9이상
SRMR	0.053	0.8이하
RMSEA	0.075	0.08이하
NFI	0.951	0.9이상
CFI	0.951	0.9이상

두 만족시키는 결과로 나타났다.

2) 전통시장 활성화 요인 감성정보 추출 및 분석

① 네트워크 분석 및 중심성 분석 결과

동대문시장과 동일한 방법으로 TEXTOM 프로그램을 활용하여 광장시장과 연관된 키워드를 도출하였고 키워드 분석을 진행하였다. 분석기간은 웹과 SNS를 통해 검색량이 증가하기 시작한 2010년부터 2016년까지 데이터 수집기간으로 설정하였다. 연관 키워드 분석은 해당 시장의 성격과 소비자들의 관심사를 확인할 수 있는 적합한 연구분석 방법이다. 네트워크 분석에서 활용된 상위 키워드들은 소비자들이 웹과 SNS에서 광장시장 키워드 함께 자주 사용한 키워드의 빈도를 바탕으로 도출됨에 따라 그만큼 광장시장과 관계성이 높은 키워드로 해석할 수 있다.

▸ 키워드 네트워크 분석

광장시장이 가지고 있는 장소성과 고유한 특성이 무엇인지에 대한 파악을 위해 키워드 네트워크 분석을 실행하였다. 2010년~2016년의 데이터 중, 상위 100개의 키워드를 대상으로 분석하였고 수집된 총 5,991개의 연관 키워드가 검색되었다. 그 결과 맛집(1,021), 육회(916), 빈대떡(896), 마약김밥(838) 등의 '음식'과 관련된 키워드가 높은 순위로 나타났다. 또한 앞서 분석한 동대문시장과 마찬가지로 '시장정보'와 관련된 키워드들이 높게 나타났는데 종로5가(268), 청계천(221) 등의 키워드가 이를 나타내고 있다. 이외에도 원단(78), 한복집(77), 의류(41) 등과 같이 '의류' 관련 키워드도 100위권 내의 키워드로 도출되었다.

[표 5-11] 2010년~2016년 광장시장 연관 키워드

No	단어	No	단어	No	단어	No	단어
1	맛집(1021)	26	종로구(119)	51	점심(66)	76	신랑(48)
2	육회(916)	27	방산시장(116)	52	육회골목(66)	77	예단이불(48)
3	한복(912)	28	저녁(113)	53	결혼(65)	78	메뉴(48)
4	빈대떡(896)	29	소문(110)	54	추억(65)	79	공원(48)
5	마약김밥(838)	30	포스팅(109)	55	시작(64)	80	지하철(48)
6	종로(743)	31	떡볶이(108)	56	과일(64)	81	쇼핑(48)
7	서울(707)	32	유가빈대떡(104)	57	녹두(63)	82	여행(48)
8	먹거리(655)	33	대구탕(99)	58	칼국수(62)	83	은성횟집(47)
9	육회자매집(340)	34	부촌육회(89)	59	형제육회(62)	84	재래시장(47)
10	순희네빈대떡(301)	35	막걸리(89)	60	이야기(60)	85	고기완자전(46)
11	사람(283)	36	창신육회(85)	61	육회집(60)	86	원조(46)
12	종로5가(268)	37	박가(83)	62	누드김밥(60)	87	야시장(46)
13	청계천(221)	38	준비(83)	63	녹두빈대떡(59)	88	출발(45)
14	주말(207)	39	육회맛집(81)	64	들마루(59)	89	꼬마김밥(44)
15	날씨(205)	40	사진(79)	65	장소(56)	90	과거(44)
16	친구(204)	41	원단(78)	66	육회비빔밥(54)	91	동그랑땡(44)
17	먹자골목(199)	42	소개(78)	67	전통시장(53)	92	전화(43)
18	구경(189)	43	한복집(77)	68	소주(52)	93	명물(43)
19	나들이(182)	44	회식(75)	69	구입(51)	94	인사동(42)
20	가격(157)	45	시간(74)	70	탐방(51)	95	고민(41)
21	후기(154)	46	먹방(71)	71	아침(49)	96	대기줄(41)
22	곱창(147)	47	가게(71)	72	한잔(49)	97	번개(41)
23	데이트(140)	48	백종원(70)	73	전통(49)	98	재료(41)
24	투어(132)	49	엄마(69)	74	결혼식(49)	99	의류(41)
25	음식(128)	50	순대(67)	75	광화문(48)	100	대구매운탕(40)

▸ 키워드 중심성 분석

키워드 중심성 분석은 상위 50개의 주요 키워드를 도출하여 네 가지 측면에서 중심성(Centrality)을 분석하였으며, 각각 연결 중심성(degree centrality), 근접중심성(closeness centrality), 매개중심성(betweenness centrality), 위세중심성(prestige centrality)으로 분석하였다.

키워드들 사이에서의 직접 영향력을 확인할 수 있는 연결 중심성의 경우 맛집, 종로, 빈대떡, 마약김밥, 먹거리 순서로 주로 '음식' 관련 키워드가 높은 연결 중심성으로 나타났다. 근접 중심성의 경우 마약김밥, 육회, 종로, 맛집, 사람 순으로 높은 결과가 나타났으며 매개 중심성의 경우 육회, 마약김밥, 종로, 한복, 맛집의 순위로 '음식'과 '의류' 관련 키워드가 높은 순위로 도출되었다. 마지막으로 위세 중심성 역시 맛집, 종로, 빈대떡, 마약김밥, 먹거리 순서로 '음식'과 관련된 키워드가 높은 결과로 나타났다. 네 가지 측면에서 도출된 중심성 분석 결과 전체적으로 '음식'과 관련된 키워드가 다수 도출되었으며, '시장정보' 및 '의류' 관련 키워드도 도출됨에 따라 이에 따른 광장시장에 대한 소비자들의 인식을 확인할 수 있었다.

[표 5-12] 2010년~2016년 광장시장 주요 키워드 빈도와 중심성

구분	빈도		연결중심성		근접중심성		매개중심성		위세중심성	
	빈도	순위	빈도	순위	빈도	순위	빈도	순위	빈도	순위
맛집	1021	1	0.059	1	0.92	3	1198.851	3	0.442	1
육회	916	2	0.043	3	0.892	7	1006.154	6	0.382	3
한복	912	3	0.028	8	0.834	9	667.305	8	0.08	18
빈대떡	896	4	0.045	2	0.915	4	1007.694	5	0.403	2
마약김밥	838	5	0.03	7	0.897	6	907.901	7	0.222	6
종로	743	6	0.04	4	0.945	1	1804.447	2	0.319	4
서울	707	7	0.037	5	0.942	2	1809.214	1	0.248	5
먹거리	655	8	0.031	6	0.915	5	1119.253	4	0.221	7
육회자매집	340	9	0.017	9	0.741	25	223.965	27	0.182	8
순희네 빈대떡	301	10	0.015	10	0.791	14	349.169	16	0.177	9
사람	283	11	0.011	14	0.844	8	553.664	10	0.087	15
종로5가	268	12	0.012	11	0.824	10	607.13	9	0.107	10
청계천	221	13	0.009	18	0.789	15	406.497	14	0.063	24
주말	207	14	0.012	12	0.809	13	399.84	15	0.084	16
날씨	205	15	0.012	13	0.819	11	497.77	11	0.091	13
친구	204	16	0.01	15	0.817	12	470.511	13	0.074	19
먹자골목	199	17	0.01	16	0.786	16	310.115	20	0.081	17
구경	189	18	0.01	17	0.781	17	346.958	17	0.055	26
나들이	182	19	0.009	19	0.759	22	225.573	26	0.071	20
가격	157	20	0.007	23	0.766	19	323.475	19	0.047	31
후기	154	21	0.006	27	0.761	20	346.421	18	0.037	37
곱창	147	22	0.009	20	0.521	190	0.512	193	0.105	11
데이트	140	23	0.006	28	0.739	26	241.648	24	0.053	27
투어	132	24	0.007	24	0.744	24	293.021	21	0.051	28
음식	128	25	0.006	29	0.756	23	240.878	25	0.057	25
종로구	119	26	0.008	22	0.761	21	269.538	23	0.071	21
방산시장	116	27	0.005	30	0.714	29	136.738	32	0.03	45

154

저녁	113	28	0.007	25	0.774	18	487.392	12	0.042	32
소문	110	29	0.009	21	0.612	106	35.994	102	0.088	14
포스팅	109	30	0.005	31	0.705	31	182.525	29	0.049	29
떡볶이	108	31	0.005	32	0.698	32	117.093	36	0.039	35
유가빈대떡	104	32	0.007	26	0.651	58	77.449	51	0.099	12
대구탕	99	33	0.005	33	0.61	111	19.315	141	0.048	30
부촌육회	89	34	0.004	40	0.577	152	7.412	182	0.066	23
막걸리	89	35	0.005	34	0.683	36	77.485	50	0.04	34
창신육회	85	36	0.004	41	0.666	47	68.617	60	0.041	33
박가	83	37	0.005	35	0.641	70	55.949	66	0.068	22
준비	83	38	0.005	36	0.671	41	141.691	31	0.017	78
육회맛집	81	39	0.004	42	0.595	132	16.237	151	0.035	39
사진	79	40	0.003	53	0.706	30	145.158	30	0.021	67
원단	78	41	0.005	37	0.645	65	118.308	35	0.015	83
소개	78	42	0.004	43	0.728	27	285.122	22	0.029	47
한복집	77	43	0.003	54	0.646	62	91.226	47	0.012	105
회식	75	44	0.004	44	0.663	48	70.202	58	0.034	40
시간	74	45	0.003	55	0.716	28	186.346	28	0.02	69
먹방	71	46	0.004	45	0.688	35	119.401	33	0.027	50
가게	71	47	0.003	56	0.678	38	114.022	37	0.032	41
백종원	70	48	0.004	46	0.635	77	44.983	85	0.031	43
엄마	69	49	0.003	57	0.683	37	111.145	38	0.022	63
순대	67	50	0.003	58	0.668	46	70.462	57	0.031	44

② 이분형 로지스틱 분석 결과

이분형 로지스틱 분석 결과 총 8개로 분류된 광장시장 활성화 요인 중 '주변시설' 요인만이 유의수준 0.844로 적합하지 않은 것으로 도출되었으며, 이외의 요인들은 모두 p<0.05로서 적합하였다. 아울러 전문의류가 0.620으로 가장 높은 결과값을 나타내었으며, 추억이 -0.341로 가장 낮은 결과값을 보여주었다. 또한 음식_육회, 음식_대구탕, 음식_빈대떡, 먹자골목, 장소는 긍정감정에 유의미한 영향을 미치는 것으로 분석되었다. 그에 대한 세부적인 내용은 [표 5-13]과 같다.

[표 5-13] 이분형 로지스틱 분석결과

구분	B	S.E.	Wald	자유도	유의확률	Exp(B)
장소	0.339	0.031	121.365	1	0.000	1.404
주변시설	0.022	0.111	0.039	1	0.844	1.022
추억	-0.341	0.076	19.954	1	0.000	0.711
전문의류	0.620	0.041	231.206	1	0.000	1.860
먹자골목	0.345	0.033	112.052	1	0.000	1.412
음식_육회	0.299	0.036	69.600	1	0.000	1.348
음식_대구탕	0.202	0.090	5.036	1	0.025	1.223
음식_빈대떡	0.344	0.037	87.272	1	0.000	1.410
상수항	-0.811	0.020	1572.344	1	0.000	0.445

광장시장 이분형 로지스틱 분석을 통해 확인할 수 있는 점은 앞서 실행한 빈도분석 결과 '맛집', '먹거리' 관련 키워드들이 대부분 상위권에 위치하였음에도 불구하고 실질적으로 긍정감정에 가장 큰 영향을 미치는 키워드는 '전문의류'로 나타났다는 점이다. 이는 광장시장만이 아닌, 대부분의 전통시장 활성화 정책에서 음식 또는 맛집 관련 콘텐츠의 비중이 커지고 있는 상황에서 먹거리만이 아닌 전통시장 내 고유

의 콘텐츠에 많은 사람들이 중요성을 공감하고 긍정감정을 보이고 있음을 알 수 있다. 또한 광장시장을 찾는 소비자들 중 대다수는 광장시장 내의 '추억' 관련 요인들에 대하여 긍정적인 반응을 보이지 않고 있으며, 이에 따라 향후 이루어질 수 있는 광장시장 활성화 정책 및 지원 사업 수립 시 추억 관련 요소를 활용한 콘텐츠 발굴 및 활성화 방안 마련 시에는 많은 고민과 심도있는 분석이 필요할 것으로 예상된다. 이 외에도 육회골목 등을 의미하는 음식_육회, TV프로그램 백종원의 3대 천왕에 언급된 대구탕집, 먹자골목이나 빈대떡 등은 유의미한 결과를 보임에 따라 많은 시민들이 긍정적인 감정을 보이며 공감하고 있음을 알 수 있다.

③ 의사결정나무 분석 결과

광장시장 감정 영향요인의 예측모형에 대한 의사결정나무 분석 결과를 살펴보면 우선 나무구조의 최상위에 있는 부모마디는 예측변수 (독립변수)가 투입되지 않은 종속변수(긍정, 부정)의 빈도를 나타낸다. 부모마디의 광장시장 감정 비율을 보면 Not Good이 61.3%, Nice가 38.7%로 나타났다. 부모마디 하단의 가장 상위에 위치하는 요인이 종속변수에 가장 영향력이 높은(관련성이 깊은)요인으로, 본 분석에서는 광장시장의 감정예측에서 '장소' 관련 요인들에 대한 영향력이 가장 큰 것으로 나타났다. 즉 '장소' 관련 요인의 영향이 높은 경우, 광장시장에 대한 긍정적인 감정이 이전의 38.7%에서 45.9%로 증가하는 결과가 나타났다. 또한 장소 관련 요인에 대한 영향이 높은 상황에서 먹자골목 관련 요인에 대한 영향도 높다면 긍정적인 감정이 45.9%에서 52.8%로 상승한 결과가 나타났다. 다른 경우를 살펴보면 장소에 대한 요인의 영향이 적은 경우, 광장시장에 대한 긍정적인 감정은 38.9%에서 36.2%로 소폭 하락하였으나, 전문의류 관련 요인이 영향을 미치는 경우 긍정적인 감정이 47.0%로 상승하였다. 다음으로 장소 관련 요인과 주변시설 관련 요인의 영향력이 높고, 먹자골목 관련 요인의 영향력이 낮은 경우 70.0%로 긍정적인 감정이 도출될 확률이 가장 높은 것으로 나타났다. 마지막으로 장소, 전문의류, 음식_빈대떡 관련 요인의 영향력이 낮은 경우 32.7%로 나타나 최소값을 나타내었다. 이와 같은 결과를 정리하면 아래와 같다.

[표 5-14] 의사결정나무 분석 결과

번호	영향관계	Notgood	Nice
1	부모마디	61.3%	38.7%
2	장소(+)	54.1%	45.9%
3	장소(-)	63.8%	36.2%
4	장소(+)+먹자골목(-)	56.9%	43.1%
5	장소(+)+먹자골목(+)	47.2%	52.8%
6	장소(-)+전문의류(-)	65.5%	34.5%
7	장소(-)+전문의류(+)	53.0%	47.0%
8	장소(+)+먹자골목(-)+주변시설(-)	57.9%	42.1%
9	**장소(+)+먹자골목(-)+주변시설(+)**	30.0%	70.0%
10	장소(+)+먹자골목(+)+음식_대구탕(-)	46.5%	53.5%
11	장소(+)+먹자골목(+)+음식_대구탕(+)	64.0%	36.0%
12	**장소(-)+전문의류(-)+음식_빈대떡(-)**	67.3%	32.7%
13	장소(-)+전문의류(-)+음식_빈대떡(+)	56.4%	43.6%
14	장소(-)+전문의류(+)+음식_육회(-)	53.6%	46.4%
15	**장소(-)+전문의류(+)+음식_육회(+)**	36.4%	63.6%

분석 결과를 통해 살펴보면, 도출된 의사결정나무는 어떤 한 개인이 의사결정과정에서 어떠한 요인에 우선순위에 두고, 어떠한 요인 조합의 경우 가장 긍정적인 감정을 보이는 지를 파악할 수 있다는 장점이 있음에 따라, 본 연구에서는 광장시장에 대한 시민들의 세부적인 감정을 파악하기 위한 방법론으로 활용하였다. 우선적으로 광장시장의 경우 '장소' 관련 요인이 부모마디에서의 최우선 키워드로 도출됨에 따라, 많은 사람들이 광장시장의 지리적 위치를 광장시장에 대한 긍정감정에 큰 영향요소로 인식하고 있음을 알 수 있다.

　또한 지리적 위치를 의미하는 '장소' 관련 요인이 부정적일 경우에는 '전문의류' 관련 요인이 가장 우선순위로 나타남에 따라, 광장시장은 전통적 고유 상품인 전문의류 관련 요인 자체만으로 시민들의 긍정적인 감정을 이끌어낼 수 있는 핵심 콘텐츠임을 알 수 있었다. 마지막으로 장소, 전문의류, 음식_빈대떡 관련 요인 모두가 도출되지 않았을 경우에는 광장시장에 대한 긍정적인 감정을 이끌어내기가 쉽지 않음을 알 수 있다.

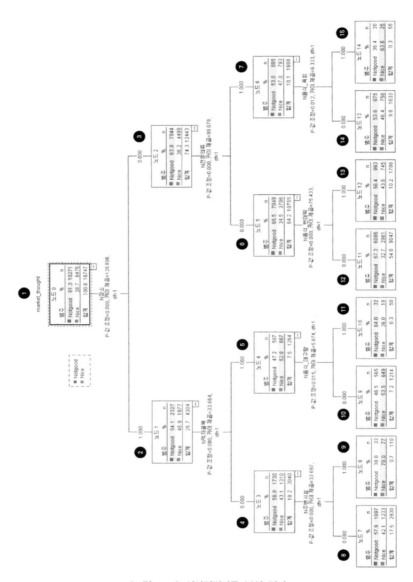

[그림 5-11] 의사결정나무 분석 결과

160

④ 구조 경로모형 분석 결과

구조 경로모형에 대한 결과를 보면, '장소' 요인의 경우 의사결정나무 분석에서 부모마디로 도출됨에 따라, 요인 그룹간의 매개관계가 가장 높은 추세를 보여줌을 알 수 있다. 직접효과를 살펴보면 각 요인들에 대한 감정에 대하여 '장소' 요인에 의해 매개효과를 받지 않은 결과를 의미하며, 간접효과는 '장소' 요인에 의해 매개효과를 받았을 경우의 결과를 의미한다. 적합도 분석 결과 모든 경로에서 $p<0.1$로서 유의한 결과를 나타내었고 직접효과의 경우 이분형 로지스틱의 결과 값과 거의 동일하게 도출되었으며, '추억' 관련 요인의 경우 -0.077로 가장 낮은 결과를, '전문의류' 관련 요인은 0.147로 가장 높은 결과를 보여주었다.

다음으로 간접효과의 경우 '주변시설' 관련 요인이 0.022로 가장 높은 결과를 보여주었으며, '추억' 관련 요인이 -0.004로 가장 낮은 결과값을 보여 주었다. 특히 '주변시설' 관련 요인의 경우 긍정감정의 도출에서 '장소' 관련 요인에 가장 높은 매개효과를 가지고 있음을 알 수 있으며, 이는 '주변시설' 관련 요인의 경우 긍정감정을 얻기 위해서는 '장소' 관련 요인의 필요성이 높다는 것을 알 수 있다. 이외에도 직접효과와 간접효과의 합인 총 효과의 경우 이분형 로지스틱 분석 결과와 동일한 추세로 도출되었다. 이에 대한 시사점으로는 우선적으로 '주변시설' 관련 요인의 경우 '장소' 관련 요인에 대하여 높은 매개효과를 보여주었으며, 광장시장에 대하여 사람들은 주변시설에 대하여만 긍정적인 감정을 가지는 것 보다는, 장소와 연계된 주변시설에 대하여 더욱 높은 긍정감정을 가지고 있음을 알 수 있다. 이외에도 대부분의 요인의 경우 '장소' 관련 요인에 대한 매개효과는 높은 수치를 보여주지 못함에 따라, 장소에 대한 영향력보다는 개별 요인 자체적인 영향력이 강함을 알 수 있다.

[표 5-15] 구조 경로모형 분석 결과

경로	직접효과		간접효과		총효과(직접효과 + 간접효과)	
	B(β)	P	B(β)	P	B(β)	P
'주변시설'→ '감정'	0.005	0.024**	0.022	0.003***	0.026	0.027**
'추억'→ '감정'	-0.077	0.016**	-0.004	0.001***	-0.082	0.015**
'전문의류'→ '감정'	0.147	0.010**	-0.001	0.001***	0.146	0.008***
'먹자골목'→ '감정'	0.081	0.008***	0.007	0.001***	0.088	0.008***
'음식_육회'→ '감정'	0.070	0.009***	0.012	0.001***	0.082	0.009***
'음식_대구탕→ '감정'	0.047	0.023**	0.003	0.002***	0.050	0.021**
'음식_빈대떡'→ '감정'	0.082	0.009***	0.005	0.001***	0.087	0.009***

※ *유의수준 10%(p<0.1), **유의수준 5%(p<0.05), ***유의수준 1%(p<0.01)
※ 간접효과 = (외생변수→매개변수)×(매개변수→내생변수)

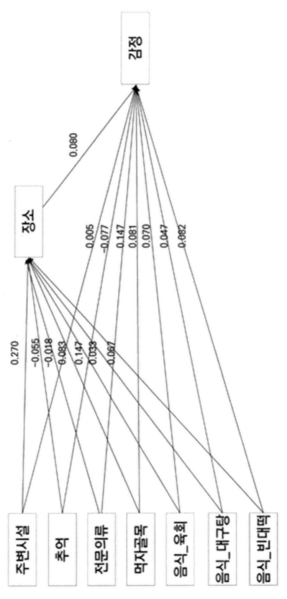

[그림 5-12] 구조 경로모형 분석 결과

3) 분석결과 해석 및 시사점

현 시점에서 특정 상업공간의 활성화 요인에 영향력을 미치는 요소는 온라인상의 정보체계에서 만들어지고 있다. 이러한 정보를 바탕으로 사람들의 행동패턴의 변화가 발생하며 소비자는 곧 인터넷과 SNS 등에서 해당 정보를 습득, 분석, 판단하여 상업공간으로의 이동을 선택하게 된다. 이렇듯 인터넷 공간과 SNS 등 소셜 미디어에서는 일상생활에 대한 소소한 이야기부터 각자가 경험한 공유하고 싶은 이야기까지 그 성격과 유형, 정보량에서 각양각색으로 나타나고 있다. 과거의 상권 활성화 전략이 인구 유입을 위한 편리한 물리적 환경조성, 다양한 프로그램 공급, 서비스의 체계화 등으로 구성 되었다면 이제는 과거의 요소 이외에 온라인(웹, SNS 등) 상의 정보를 활용하고 이에 대한 마케팅이 수반되어야 활성화가 된다고 볼 수 있다. 이러한 측면에서 본 연구에서 제시한 감성 분석은 인터넷 상의 방대한 데이터를 수집하고 분석하기 때문에 신뢰도를 높일 수 있을 뿐만 아니라, 기존 조사과정에서 발생하는 시간차에 따른 오류를 최소화할 수 있는 장점이 있다.

광장시장이 다양한 인터넷 매체와 SNS에 이름을 올리기 시작한 시기는 2010년부터 급속도로 증가하여 현재도 꾸준히 키워드 검색량이 높은 수준에 위치해 있다. 이에 따라 해당 시기부터 현재까지 광장시장을 찾는 소비자들은 광장시장의 다양한 요인 중 어떤 요인에 긍정적 감정을 지니고, 어떤 요인에 부정적 감정을 느끼고 있는지에 대해 분석하였다. 현재 빅데이터를 수집하여 개개인의 감성을 도출하기 위한 프로그램이나 모형이 존재하지 않는 만큼 본 연구에서는 다양한 통계 기법들을 단계적으로 적용하여 그 결과를 도출할 수 있는 분석의 틀을 제시하였다. 분석에는 이분형 로지스틱 분석, 의사결정나무 분석, 구조 경로모형 분석을 순차적으로 진행하여 감성 요인뿐만 아니라 요인들간의 관계 및 직·간접 효과를 도출하였다. 우선적으로 데이터의 통계분석 적용을 위해 비정형데이터를 정형데이터로 변환하는 코딩 및 표준화 작업을 실행하였다. 광장시장 관련 키워드 중, 200개의 명사를 독립변수로 처리하고, 30개의 형용사를 종속변수로 처리하였다. 이후 진행된 요인분석은 탐색적 요인분석과 확인적 요인분석 단계를 거치며 총 8개의 독립변수(주변시설, 추억, 전문의류, 음식_육회, 음식_대구탕, 음식_빈대떡, 먹자골목, 장소) 요인을 도출하였고, 이를 바탕으로 감성분석을 진행하였다.

키워드 네트워크 및 중심성 분석 결과 '음식' 또는 '맛집' 관련 키워드가 높을 것으로 예상 하였으나 첫 번째로 적용한 이분형 로지스틱 분석 결과, 긍정요인으로 '전문의류' 관련 키워드들이 가장 높은 결과 값으로 나타났다. 반면 '추억' 관련 키워드들은 부정요인으로 도출됨을 확인할 수 있었다. 두 번째로 이어진 의사결정나무 분석 결과 어떠한 요인도 투입되지 않은 상태에서 Not good(중립+부정)이 61.3%, Nice(긍정)가 38.7%로 나타났으며, 부모마디로 도출된 '장소' 관련 키워드가 선택되었을 경우 긍정감성이 높아진 것을 볼 수 있다. 이러한 선택에 따른 긍정감성과 부정감성의 변화를 파악하였을 때 '장소'와 '주변시설'을 선택하고 '먹자골목'을 선택하지 않을 때 가장 높은 긍정감성이 나타나며, '장소', '전문의류', '음식_빈대떡'을 선택하지 않았을 때 가장 낮은 긍정감성으로 도출되었다. 이를 통해 보았을 때 소비자들은 우선적으로 광장시장의 지리적 위치와 주변 지역을 광장시장에 대한 감정에 가장 큰 영향요소로 바라보고 있음을 알 수 있으며, 그 다음으로 중요한 긍정감성의 요인으로는 이분형 로지스틱 분석 결과와 마찬가지로 '전문의류'로 도출되었다. 결국 광장시장은 '전문의류' 관련 요인 자체만으로도 시민들의 긍정 감성을 이끌어낼 수 있는 핵심 콘텐츠로 분석되었다. 마지막으로 진행한 구조 경로모형의 경우 앞서 도출된 의사결정나무의 부모마디인 '장소' 요인을 매개변수로 설정하여 요인들간의 영향효과 및 매개변수와 종속변수와의 영향효과를 분석하였다. 직접효과의 경우 앞선 분석결과와 유사하게 도출되었으며, 간접효과의 경우 '주변시설'이 가장 높은 결과를 보여주었다. 반면 '추억' 관련 키워드는 가장 낮은 결과 값이 도출되며 부정감성 요인으로 도출되었다. 이렇듯 광장시장은 '장소' 요인에 대한 매개효과가 높은 수치를 보여주고 있지 않은데 이는 장소에 대한 매개효과 보다는 각각의 요인들의 특성 자체가 영향력이 강하다는 것을 나타내고 있다.

광장시장의 감성분석 결과는 타 전통시장의 활성화에도 많은 시사점을 제공할 수 있을 것으로 보인다. 요즘 대부분의 전통시장들은 시장이 가지고 있는 고유의 콘텐츠 보다는 음식과 먹자골목 위주의 콘텐츠 비중이 커지고 있는 상황에서 단순히 먹거리만이 아닌 해당 전통시장이 가지고 있는 고유의 콘텐츠에 많은 소비자들이 그 중요성에 공감하고 긍정감정을 보이고 있음에 초점을 맞춰야 한다. 또한 다수의 연구에서 제시하고 있는 전통시장의 강점에 '추억'을 통한 상권재생 전략은 연구 결과에서 제시한 바와 같이 부정감정으로 나타남에 따라 전통시장 활성화 지원사업 결정 시, 추억과 관련한 콘텐츠의 개발은 더 많은 고민과 신중을 기해야 한다고 볼 수 있다. 본 연구에서 제시한 결과는 광장시장에 한정하여 감성요인을 도출한 만큼 타 전통시장의 활성화 전략 수립 시에도 해당 시장에 대한 소비자의 감성요인을 파악한다면 지금보다 더 나은 맞춤형 정책 및 사업에 대한 전략을 펼칠 수 있을 것으로 기대한다.

우리나라의 도시는 물리적 환경 측면에서 지난 반세기 고도 성장기를 지나 저성장과 인구감소 및 인구이동 등 도시공간의 다양한 변화가 일어나고 있다. 기존에 활성화 되었던 공간이 쇠퇴하거나 새로이 뜨는 공간이 만들어지고 사람들로 하여금 지속적인 방문과 유입을 위한 노력은 작은 마을에서부터 하나의 도시, 그리고 글로벌 국가차원까지 핵심이 되는 이슈이자 해결해야 할 현안 문제로 인식되고 있다.

도시 내 물품 공급처이자 사회·문화적 공간으로서 복합적인 기능을 해왔던 전통시장은 경제구조의 변화와 현대화된 유통소매 업태들과의 경쟁 속에 그 기능이 약화되고 쇠퇴해 왔다. 그 중 도심부 내에 위치한 전통시장의 경우 도심 재생의 일환으로 그 중요성이 더욱 강조되고 있는 시점이다. 이렇듯 전통시장의 쇠퇴는 도시공간 안에서 선결되어야 할 문제로서 더욱 주목 받고 있다. 이에 따라 정부는 전통시장의 경쟁력을 강화시키기 위하여 전통시장의 물리적 개보수를 위한 현대화 사업에 대한 지원이 이루어 이루어졌지만 기존의 지원방법에 한계가 발생하고 사업의 실효성에 대한 의문은 끊임없이 제기되고 있다. 이에 따라 전통시장 활성화 방안을 찾기 위한 정책방향과 학술 연구는 매우 다양하고 활발하게 진행되고 있는 추세이다.

이러한 배경 하에, 이 책에서는 기존 연구에서 접근하지 않은 새로운 시각으로 전통시장의 활성화 방안을 분석하고자 하였다. 새로운 접근이란 빅데이터 분석을 활용한 전통시장 활성화 요인을 도출하고자 하는 것이다. 현재 우리는 무수히 많은 정보의 홍수 속에서 살아가고 있다. 하루에도 수백, 수천만 건의 비정형데이터가 생성되고 공유되며, 우리사회 전반의 내용을 기록하고 있다. 우리는 이를 빅데이터(Big Date)라 칭하며, 빅데이터 활용의 필요성은 모두가 공감하는 바이다. 따라서 이 책에서는 연구 대상지와 관련된 빅데이터 자료를 활용하여 전통시장의 활성화 요인을 도출하였다. 그 중 하나는 전통시장(동대문시장) 주변의 대규모 도시 공간의 변화가 전통시장에 미치는 영향력을 파악하고자 하였다. 그 영향력이 소비자들의 인식에 어떤 변화를 미쳤는지를 분석하여 전통시장 활성화 정책에 이를 반영해야하는 시사점을 함께 제시하였다. 다른 하나는 소비자가 인식하는 전통시장(광장시장)의 감성정보 활성화 요인의 도출을 목적으로 분석 하였다. 기존 전통시장 활성화 연구에서 다루지 않은 감성분석이라는 새로운 방법론을 적용하여 소비자들이 인식하는 긍정 감정 요인과 부정 감정 요인을 도출하였다.

1) DDP 건설로 인한 동대문시장의 인식 변화

동대문운동장이 철거되고 2014년에 동대문 디자인 플라자(DDP)가 개장함에 따라 인근에 위치한 동대문시장의 소비자 인식 변화를 분석하였다. 전문의류 도매시장으로서 자리를 잡고 현재도 활발하게 상업 중인 동대문시장은 2014년 이후 빅데이터 분석 결과, '관광' 관련 키워드들이 다수 등장하면서 소비자들은 동대문시장을 단순 상품 판매 공간이 아닌 도심부에 위치한 다른 관광지역과 연계하여 하나의 관광체

험 공간으로 변화되고 있다는 점이 분석되었다. 특히 키워드 중심성의 경우 동대문시장에 간접적으로 미치는 영향요인에 관광의 측면에서 도출된 동대문역사문화공원과 청계천, 동대문패션타운 등 장소적 요인에 대한 영향력이 높게 드러나면서 주변 관광 자원들과의 연계를 통한 지역 재생의 필요성을 확인할 수 있었다. 이는 전통시장 자체의 변화만을 꾀하여 전통시장을 활성화 시키려는 기존의 정책방향에, 외부효과를 활용한 새로운 시장 활성화 방안으로의 가능성을 보여준다.

2) 광장시장의 활성화 요인

2010년부터 방송 및 언론에 노출되기 시작하여 상업적으로 매우 활성화 되어 있는 광장시장의 활성화 요인이 무엇인지 소비자들의 시선에서 감성분석을 진행하였다. 감성분석의 결과 도출을 위해 데이터 수집과 정제, 그리고 코딩을 진행하였고, 분석을 위한 요인분석 과정을 거쳐 이분형 로지스틱 분석, 의사결정나무 분석, 구조 경로모형 분석을 단계적으로 실행하여 소비자들의 긍정 감성 요인과 부정 감성 요인을 도출하는 방법을 활용하였다. 분석 결과, 소비자가 생각하는 광장시장의 다양한 요인 중 가장 긍정 감정으로 꼽히는 것은 '전문의류' 관련 요인으로 도출되었다. 광장시장 관련 키워드 네트워크 분석 결과 상위에 포진되어 있던 다양한 음식이나 맛집이 아닌 광장시장 고유의 판매 품목인 전문의류가 도출되었다는 점은 많은 시사점을 제공한다. 반면 부정 감정 요인으로는 '추억' 관련 요인이 도출되었으며 그간의 정책지원 사업이나 학술연구에서 중요시하게 보았던 소비자의 '추억'을 통한 상권재생 전략은 향후 정책 및 연구에 많은 영향을 미칠 것으로 판단된다.

이 책에서는 전통시장의 인식변화와 활성화 요인을 실증함에 있어, 기존의 사례분석 연구와 설문에 기초한 활성화 연구결과를 보완하고자 하였다. 이를 위해 빅데이터를 활용한 텍스트 마이닝과 오피니언 마이닝 기법을 적용하여 기존 연구에서 도출하지 못한 요인들을 밝혔다는 점에서 의의가 있다고 할 수 있다. 또한 동대문 시장의 텍스트 마이닝 분석을 통해 DDP의 효과가 동대문시장의 인식에 의류뿐만 아니라 관광 측면으로도 다수 영향을 미치고 있는 점을 검증하였으며, 광장 시장의 오피니언 마이닝 분석을 통해 많은 소비자들이 관심 있어 하는 음식이나 맛집 관련 요인이 아닌, 한복과 같은 전문의류 등의 요인들에 매우 긍정적인 반응을 보이고 있음에 따라 이 부분에 대해 조금 더 집중해서 바라봐야 할 필요성이 있다는 부분을 검증하였다.

현재까지 도시 공간 활성화에 대한 연구는 물리적인 부분을 중심으로 계획 및 방법을 제시하여 왔으나, 이 책에서는 공간에 대한 이용자들의 인식 진단을 통해 현실성을 반영한 활성화 전략 수립을 도출 할 수 있었다. 이를 통해 획일적인 공간 계획을 방지하고, 지역·규모·특정 요소 등 공간의 성격에 따라 다양한 측면으로 공간 활성화 계획을 구성해 볼 수 있는 시스템을 마련 할 수 있을 것으로 기대할 수 있으며, 이를 활용하여 도시 분야에 다양한 연구가 도출되는 파급효과가 있을 것으로 기대할 수 있다. 또한 개인정보 보호와 사생활 침해 등을 통해 공개되지 않는 비공개 정보 외에 온라인상의 오픈 데이터를 통한 방법론 개발과 생성된 자료의 검증 방법에 대한 부분은 학술연구의 측면에서 의의가 있을 것이며, 보다 적은 비용으로 많은 의견을 수집할 수 있기 때문에 그 활용가치가 매우 높다고 할 수 있다.

참고문헌

· 국내문헌

∘ 단행본

강현철, 1999, 데이터마이닝 : 방법론 및 활용, 自由아카데미, 서울.

권태준, 1999, 도시, 지역과 산업, 서울대학교출판부, 서울.

김군수 외5명, 1998, 경기도 재래시장의 합리적 재개발방안과 모형연구, 경기
연구원.

김도형 편저, 2013, 지역활성화를 위한 전통시장 육성방안, 한국지방행정연
구원.

김두섭, 1994, 사회과학을 위한 회귀분석, 法文社, 서울.

데이타솔루션 컨설팅팀, 2007, SPSS Statistics 회귀분석, 데이터솔루션, 서울.

이원규 편저, 2013, 빅데이터를 활용한 스마트 도시관리, 부산발전연구원.

이인재, 2003, 구도심 주거지역 기반시설 확충방안, 인천발전연구원.

이일현, 2014, EasyFlow 회귀분석, 한나래, 서울.

이훈영, 2010, 연구조사방법론, 청람, 서울.

우종필, 2012, 우종필 교수의 구조방정식모델 개념과 이해, 한나래아카데미,
서울.

전우용, 2014, 서울의 동쪽, 보림, 서울.

정재희, 2007, 도시재생전략의 도입을 통한 경상남도 도시지역 경쟁력 강화방
안, 경남발전연구원.

한국정보화진흥원, 새로운 미래를 여는 빅데이터 시대, 2013, 한국정보화진
흥원.

한승욱 편저, 2012, 상업기능 활성화를 통한 원도심 재생방안, 부산발전연구원.

◦ 논문

강만모, 김상락, 박상무, 2012, "빅데이터의 분석과 활용", 정보과학학회지, 한국정보과학회.

강태훈, 조혜영, 오민아, 2013, "교육 연구에서의 탐색적 요인분석 사용 실태에 관한 조사연구", 교육방법연구, 제25권, 제3호, 한국교육방법학회.

계기석, 2003, "기성시가지 중심상업·업무지역의 활성화", 국토연구, 제257호, 국토연구원.

권선영, 2014, "학술논문의 저자키워드 출현순서에 따른 저자키워드 중요도 측정을 위한 네트워크 분석방법의 적용에 관한 연구", 한국정보관리학회, 제31권, 제2호, 한국정보관리학회.

김기중, 안영수, 이승일, 2016, "도시구성요소가 도시열과 에너지소비에 미치는 직·간접적인 영향관계 규명 연구", 서울도시연구, 제17권, 제1호, 서울연구원.

김보경, 2015, "빅데이터를 활용한 템플스테이 키워드 네트워크 분석", 관광학연구, 제39권, 제5호, 한국관광학회.

김승우, 2013, "오피니언 분류의 감성사전 활용효과에 대한 연구", 석사학위논문, 국민대학교.

김정숙, 2012, "빅데이터 활용과 관련기술 고찰", 한국콘텐츠학회지, 제10권, 제1호, 한국콘텐츠학회.

김종국, 2007, "Mixture Regression Model을 이용한 재래시장의 세분집단별 고객충성도에 미치는 영향 변수 분석", 유통연구, 제12권, 제4호, 한국유통학회.

김진옥, 2011, "감정 자세 인식을 위한 자세특징과 감정예측 모델", 한국인터넷정보학회지, 제12권, 제6호, 한국인터넷정보학회.

김학용, 2012, "대하소설 토지 등장인물 네트워크의 동적 변화 분석", 한국콘텐츠학회논문지, 제12권, 제11호, 한국콘텐츠학회.

김한직, 2008, "지방도시의 도심활성화방안에 관한 연구_아산시 온양동을 중심으로", 석사학위논문, 경원대학교.

류태창, 2013, "원도심 상업지역 활성화를 위한 정책 비교 연구", 한국지역개발학회지, 제25권, 제4호, 한국지역개발학회.

박봉두, 노정구, 2007, "재래시장 경쟁력 구성요인과 정책적 시사점", 유통연구, 제12권, 제5호, 한국유통학회.

박상훈, 이희정, 2014, "국내 전통시장 활성화를 위한 미국 BID 도입 방안에

172

관한 연구", 주택도시연구, 제4권, 제1호, SH연구원.

박상훈, 이희정, 2016, "네트워크 기간 오픈 플랫폼 구축을 통한 전통상권 DB 활용방안 연구", 주택도시연구, 제6권, 제2호, SH연구원.

박상훈, 이희정, 2017, "사회네트워크 텍스트 분석을 통한 전통시장 인식 변화에 관한 연구", 주택도시연구, 제7권, 제2호, SH연구원.

박상훈, 이희정, 2017, "텍스트 네트워크 분석을 통한 전통시장 활성화 정책의 영향력 분석 연구", 주택도시연구, 제7권, 제3호, SH연구원.

박천보, 2002, "도시재개발측면의 도심공동화 대처방안", 한밭대학교논문집, 제19권, 한밭대학교.

박훈진, 2015, "공간 빅데이터 마이닝을 통환 환경민원 패턴분석", 석사학위논문, 인천대학교.

배규용, 박주현, 김정선, 이영섭, 2013, "텍스트 마이닝 기법을 활용한 기후변화관련 식품분야 논문초록 분석", 한국데이터정보과학회지, 제24권, 제6호, 한국데이터정보과학회.

백봉현, 2014, "SNS상의 비정형 빅데이터로부터 감성정보 추출방법", 석사학위논문, 영남대학교.

변창윤, 2011, "도심 재래시장 변화에 관한 연구 – 서울중앙시장을 중심으로", 석사학위논문, 세종대학교.

서구원, 민형철, 2011, "전통시장 방문의도에 영향을 미치는 요인에 대한 실증적 연구", 조형미디어학, 제14권, 제4호, 한국일러스트아트학회.

안종욱, 이미숙, 신동빈, 2013, "공간빅데이터 개념 및 체계 구축방안 연구", 한국공간정보학회지, 제21권, 제5호, 한국공간정보학회.

엄희경, 2015, "도시브랜딩을 위한 빅데이터 활용에 관한 연구", 한국브랜드디자인연구, 제13권, 제3호, 한국브랜드디자인학회.

오익근 외, 2015, "빅데이터 분석을 통한 한국관광 인식에 관한 연구", 관광학연구 제39권 제10호, 한국관광학회.

이만재, "빅 데이터와 공공 데이터 활용" Internet and Information Security, 제2권, 제2호, 2011년.

이미지, 2014. 전통시장 활성화를 위한 장소브랜드 아이덴티티 디자인 연구: 성남시 모란 민속장을 중심으로. 석사논문. 이화여자대학교 디자인대학원.

이병훈, 김동원, 박혜진, 윤영석, 2012, "농촌지역 마을회관 이용 활용도와 만족도에 관한 결정요인 분석", 농촌계획, 제18권, 제4호, 한국농촌계획학회.

이수상, 2014, "언어 네트워크 분석 방법을 활용한 학술논문의 내용분석", 정보관리학회지, 제31권, 제4호, 한국정보관리학회.

이우권, 1999, "연결망 분석의 행정학적 함의", 한국자치행정학보, 제13권, 한국자치행정학회.

이윤명, 2017, "서울시 전통시장의 여가소비기능의 역할과 장소체험 특성", 박사학위논문, 서울대학교.

이준호, 김영, 김경훈, 2013, "전통시장 시설현대화사업이 전통시장 활성화에 미치는 영향분석_진주중앙유등시장을 중심으로", 한국지역개발학회지, 제25권, 제1호, 한국지역개발학회.

이진형, 2015, "데이터 빅뱅, 빅데이터의 동향", 한국방송통신 트렌드리포트, 한국방송통신전파진흥원.

전은선, 2013, "광장시장의 관광자원성에 대한 주체별 인식 차이에 관한 연구", 석사학위논문, 서울대학교.

정승환, 호예담, 송영수, 2014, "핵심어 네트워크 분석을 통한 국내 HRD 연구동향 탐색", HRD연구, 제16권, 제3호, 한국인력개발학회.

정진호, 윤두원, 성순아, 황희연, 2015, "도시재생 상권활성화 프로그램 효과분석-청주시 중앙동을 중심으로", 국토지리학회지, 제49권, 제1호, 국토지리학회.

조윤호, 방정혜, 2009, "신상품 추천을 위한 사회연결망분석의 활용", 지능정보연구, 제15권, 제4호, 한국지능정보시스템학회.

차성룡, 2010, "목포시 원도심의 재생방안에 관한 연구 - 재래시장 활성화에 관한 주민의식조사를 중심으로", 석사학위논문, 목포대학교.

최윤홍, 임창욱, 2007, "재래시장 운영 활성화 방안에 관한 연구", 호남대 학술논문집 제, 제28호, 호남대학교.

최종후, 1999, "데이터마이닝 의사결정나무의 응용", 통계분석연구, 제4권 제1호, 통계청.

최장호, 윤현덕, 2007, "중심시가지 상권 활성화를 위한 정책과정모형 수립에 대한 연구", 유통연구, 제12권, 제5호, 한국유통학회.

허우영, 2005, "동대문 신발상가 계획 - 시장형성원리를 적용한 text, context, hypertext 개념의 제안", 석사학위논문, 홍익대학교.

황선미, 2006, "재래시장 활성화 방안에 관한 연구", 석사학위논문, 전북대학교.

· 국외문헌

Chen, Y. and J. Xie,, 2008, 'Online consumer review : Word-of-mouth as a new element of marketing communication mix," Management Science, Vol.54.

Chen, H. and D. Zimbra, 2010, "AI and opinion mining," IEEE Intelligent Systems, Vol.25.

Chevalier, J. A. and D. Mayzlin, 2006, "The effect of word of mouth on sales: Online book reviews", Journal of Marketing Research, Vol.43.

Cui, G., H. K. Lui and X. Guo, 2012, "The effect of online consumer reviews on new product sales," International Journal of Electronic Commerce, Vol.17.

Duan, W. and A. B. Whinston, 2008, "The dynamics of online word-of-mouth and product sales—An empirical investigation of the movie industry," Journal of Retailing, Vol.84.

Ghose, Al, and P. G. I peirotis, 2011, "Estimating the helpfulness and economic impact of product reviews: Mining text and reviewer characteristics," Knowledge and Data Engineering, IEEE Transactions on, Vol.23.

John Gantz & David Reinsel, 2011, "Extracting Value from Chaos", IDC IVIEW, Vol.3.

Klassen L. H., Paelinck J. H. P., 1979, "The Future of Large Towns, Environment & Planning" Vol.11.

Liu, B., 2012, "Sentiment analysis and opinion mining," Synthesis Lectures on Human Language Technologies, Vol.5.

McGrath, M. A., Sherry, J. F., & Heisley, D. D., 1993, "An ethnographic study of an urban periodic marketplace: Lessons from the Midville farmers' market ", Journal of Retailing, Vol.69.

Miller, M., 2015, "Feeding Barcelona, 1714-1975: Public Market Halls. Social Networks, and Consumer Culture" European History Quarterly, Vol.46.

Morales, A., 2009, "Public markets as community development tools", Journal of Planning Education and Research, Vol.28.

Pagano, D. and W. Maalej,, 2013, "User feedback in the appstore: An empirical study," Proceedings of Requirements Engineering Conference, Vol.21.

Pang, B. and L. Lee, 2008, "Opinion mining and sentiment analysis," Foundations and Trends in Information Retrieval, Vol.2.

Watson, S. 2009, "The magic of the marketplace : Sociality in a neglected public space", Urban Studies, Vol.46.

박상훈

1984년 대전 출생.
2018년 서울시립대학교에서 도시공학 박사학위를 받고, 현재 동 대학의 도시공학과에서 연구교수로 재직하고 있다. 2016년부터 평택대학교 국제도시부동산학과에서 도시설계 강의를 맡고 있으며, 경기도 연천군 공공디자인위원회 심의위원으로 활동하고 있다.

지역의 도심부 상업공간에 대한 도시재생 분야에 관심을 가지고 다양한 학술연구를 수행하였으며, 최근에는 온라인상의 다양한 도시공간 정보를 가지고 빅데이터 분석 기법을 적용하여 도시 공간 활성화 방안에 대한 연구를 진행하고 있다.

「네트워크 기반 오픈 플랫폼 구축을 통한 전통상권DB 활용방안 연구」(2016)
「사회 네트워크 텍스트 분석을 통한 전통시장 인식 변화에 관한 연구」(2017)
「텍스트 네트워크 분석을 통한 전통시장 활성화 정책의 영향력 분석 연구」(2017)
「빅데이터 감성정보 추출을 통한 도심부 활성화 요인 분석 연구」(2018)등 다수

| 도심부 활성화를 위한 |

소셜 빅데이터
감성분석 솔루션

초판인쇄 2018년 3월 5일
초판발행 2018년 3월 5일

지은이 박상훈
펴낸이 채종준
펴낸곳 한국학술정보㈜
주소 경기도 파주시 회동길 230(문발동)
전화 031) 908-3181(대표)
팩스 031) 908-3189
홈페이지 http://ebook.kstudy.com
전자우편 출판사업부 publish@kstudy.com
등록 제일산-115호(2000. 6. 19)

ISBN 978-89-268-8329-7 93330

이 저서는 2014년도 정부(교육부)의 재원으로 한국연구재단의 지원을 받아 수행된 연구입니다.
(No 2014R1A1A2057649)